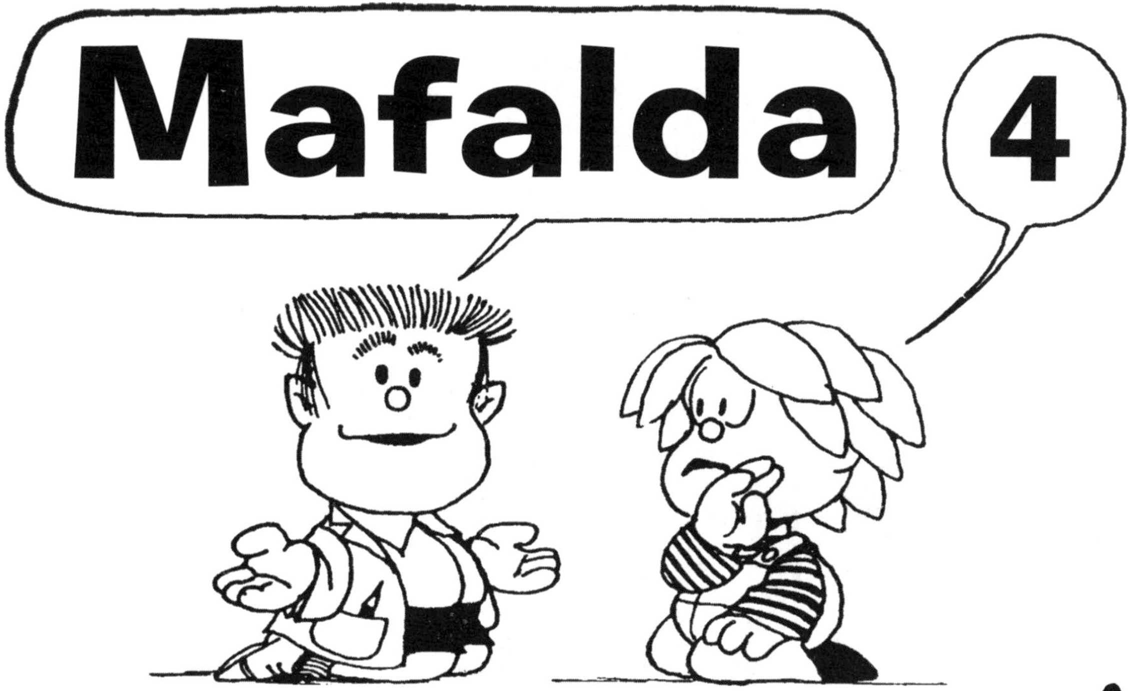
Mafalda
4

Lumen

Quino

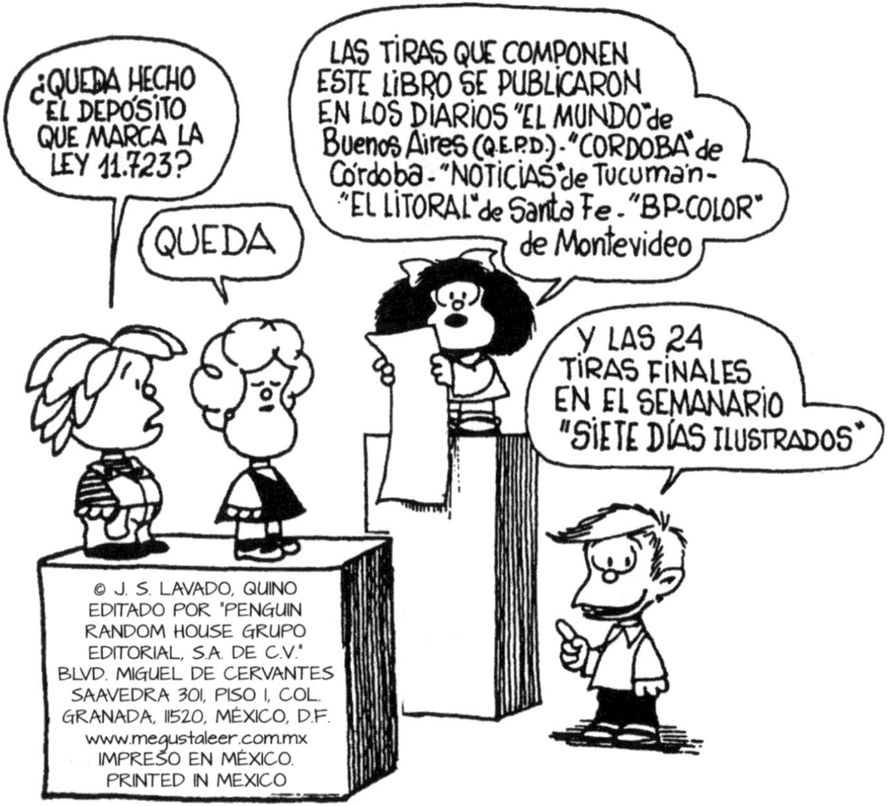
¿QUEDA HECHO EL DEPÓSITO QUE MARCA LA LEY 11.723?
QUEDA
LAS TIRAS QUE COMPONEN ESTE LIBRO SE PUBLICARON EN LOS DIARIOS "EL MUNDO" de Buenos Aires (Q.E.P.D.) - "CORDOBA" de Córdoba - "NOTICIAS" de Tucumán - "EL LITORAL" de Santa Fe - "BP-COLOR" de Montevideo
Y LAS 24 TIRAS FINALES EN EL SEMANARIO "SIETE DÍAS ILUSTRADOS"
© J. S. LAVADO, QUINO
EDITADO POR "PENGUIN RANDOM HOUSE GRUPO EDITORIAL, S.A. DE C.V."
BLVD. MIGUEL DE CERVANTES SAAVEDRA 301, PISO 1, COL. GRANADA, 11520, MÉXICO, D.F.
www.megustaleer.com.mx
IMPRESO EN MÉXICO.
PRINTED IN MEXICO

© Joaquín Salvador Lavado, Quino ISBN: 978-607-31-2193-4 Vol. 4. 1era. edición, 2a. reimpresión.

a los chinos, por la tinta.

QUINO

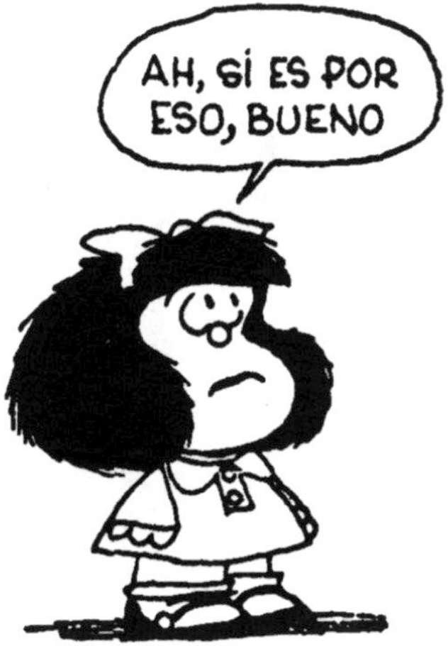
AH, SI ES POR ESO, BUENO

"La vida no es una pastafrola"

Alba Lampon
socióloga argentina
contemporánea

VOY AL MERCADO Y VUELVO, ¡NO LE ABRAS LA PUERTA A NADIE, POR MÁS QUE LLAME, ¿EH?

BUENO

481

¡MAMÁ!...

¿Y SI ES LA FELICIDAD?

PAPÁ, ¿DÓNDE VIVE LA GENTE QUE TODAVÍA NO NACIÓ?

482

ES GENTE QUE NO EXISTE, MAFALDA. ASÍ QUE NO VIVE EN NINGÚN LADO. ¿POR QUÉ?

AAAH... NO, POR NADA

Antes de venir, ¡Piénsenlo!

LO QUE NOS HACE FALTA EN ESTE ALMACÉN ES UNA INVESTIGACIÓN DE MERCADO

483

YA MISMO VOY A PREGUNTAR A LA GENTE POR LA CALLE: "¿COMPRA UD. EN ALMACÉN *DON MANOLO*, **SÍ** O **NO**?"

A LOS QUE CONTESTEN **SÍ**, LOS ANOTO EN ESTA COLUMNA; Y A LOS QUE CONTESTEN **NO**.....

484

¿QUÉ HACÉS AHÍ SENTADO, MIGUELITO?

PUES AQUÍ ESTOY, ESPERANDO ALGO DE LA VIDA

NO ENTIENDO, MIGUELITO ¿QUÉ QUIERE DECIR ESO DE QUE VAS A QUEDARTE AHÍ SENTADO ESPERANDO ALGO DE LA VIDA?

485

PUES ESO: QUE VOY A QUEDARME AQUÍ SENTADO, ESPERANDO QUE LA VIDA ME DE ALGO

¿Y NO SERÁ QUE EL MUNDO ESTÁ LLENO DE MIGUELITOS Y POR ESO ANDA COMO ANDA?

¡ES ABSURDO, MIGUELITO! ¿PENSÁS SEGUIR AHÍ SENTADO ESPERANDO ALGO DE LA VIDA?

486

SÍ

PERO, DECIME, ¿**QUÉ** ES LO QUE ESPERÁS DE LA VIDA? ¿EHÉ?

Y,....¡**ALGO!**...¡QUÉ SÉ YO!...NO TENGO PRETENSIONES. CUALQUIER COSA QUE ME DÉ LA VIDA ESTARÁ BIEN

¡AMARRETA!

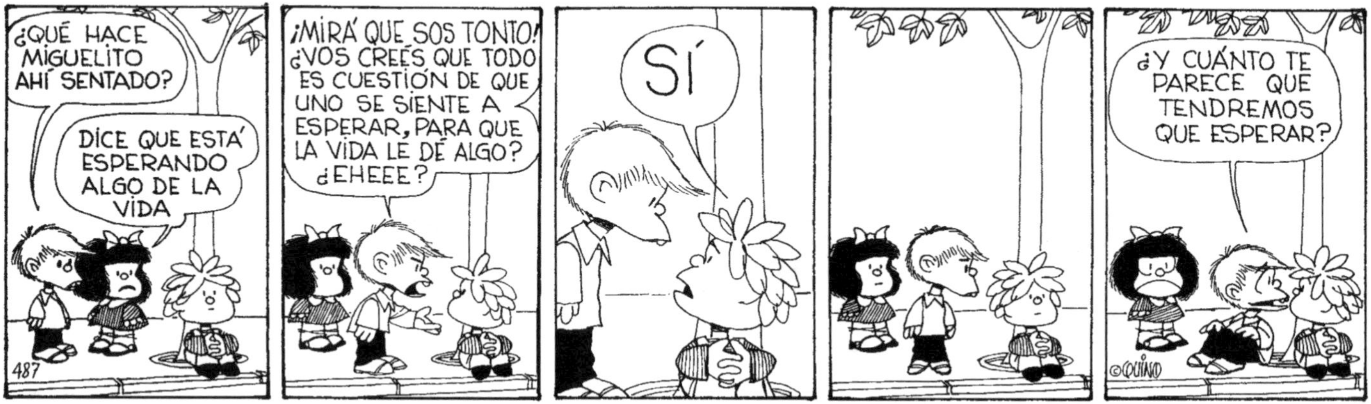
¿QUÉ HACE MIGUELITO AHÍ SENTADO?
DICE QUE ESTÁ ESPERANDO ALGO DE LA VIDA
487
¡MIRÁ QUE SOS TONTO! ¿VOS CREÉS QUE TODO ES CUESTIÓN DE QUE UNO SE SIENTE A ESPERAR, PARA QUE LA VIDA LE DÉ ALGO?
¿EHEEE?
SÍ
¿Y CUÁNTO TE PARECE QUE TENDREMOS QUE ESPERAR?
©QUINO

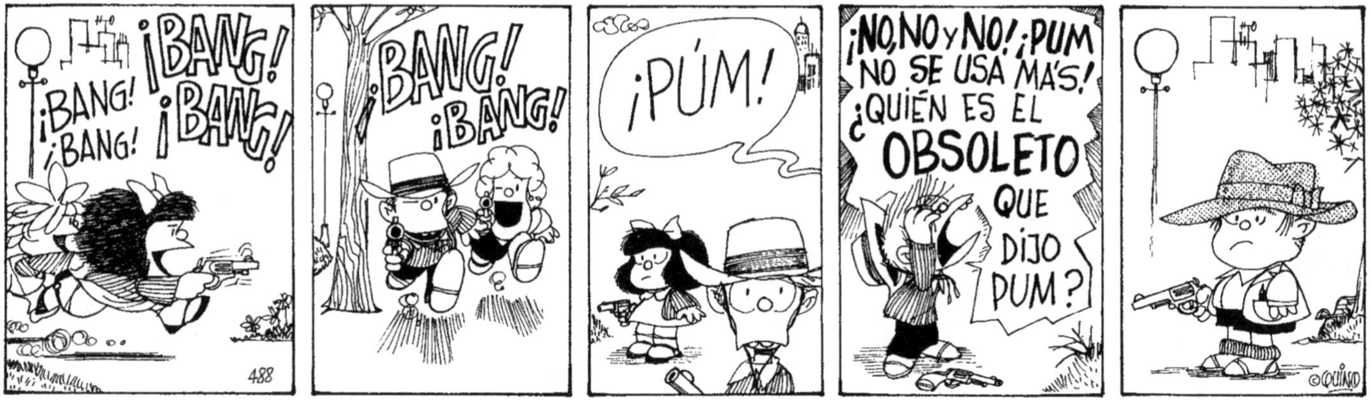
¡BANG!
¡BANG!
¡BANG!
¡BANG!
488
¡BANG!
¡BANG!
¡PÚM!
¡NO, NO Y NO! ¡PUM NO SE USA MÁS!
¿QUIÉN ES EL OBSOLETO QUE DIJO PUM?
©QUINO

"SÍ UNA PERSONA NACE HOY,¿CUÁNTOS AÑOS TENDRÁ DENTRO DE MEDIO SIGLO?"

489

50 años

ESO DE QUE ALGUIEN QUE NACE DESPUÉS QUE UNO SEA TAN VIEJO, DEPRIME A CUALQUIERA

?

490

CREMA de Belleza

¿Y?

CUANDO SEA GRANDE VOY A TRABAJAR DE INTÉRPRETE EN LA **U.N.**

491

Y CUANDO UN DELEGADO LE DIGA A OTRO: *"¡SU PAÍS ES UN ASCO!"*, YO VOY A TRADUCIR: *"SU PAÍS ES UN ENCANTO"* Y...¡CLARO!, NADIE PODRÁ PELEARSE

¡Y SE ACABARÁN LOS LÍOS Y LAS GUERRAS Y EL MUNDO ESTARÁ A SALVO!

ESO SÍ; VOS PROMETEME QUE VAS A DURAR HASTA QUE YO SEA GRANDE, ¿EHÉ?

A MÍ LO QUE ME ENFERMA ES QUE UNO NACE, ¿Y QUÉ ES? ¡HIJO!... ¡UNO TIENE CINCO AÑOS ¿Y QUÉ ES? ¡HIJO!

492

¡UNO TIENE OCHO, DOCE, QUINCE, DIECINUEVE AÑOS, ¿Y QUÉ ES? ¡HIJO! ¡¡HIJO!! ¡SIEMPRE HIJO!!

¡RECIÉN COMO A LOS VEINTE AÑOS PARECE QUE UNO PUEDE LLEGAR A SER ¿QUÉ? ¡PADRE!

¿EN QUÉ ESCALAFÓN SE HA VISTO QUE UNO TENGA QUE TRAGARSE VEINTE AÑOS PARA ASCENDER AL GRADO INMEDIATO SUPERIOR?!

INDUDABLEMENTE, LA PRIMAVERA ES LO MÁS PUBLICITARIO QUE TIENE LA VIDA

¡MMMMMMMHHH! YA SE RESPIRA LA PRIMAVERA EN EL AIRE, MANOLITO, ¿SENTÍS?

¡SNIIIIIIIF!

NO

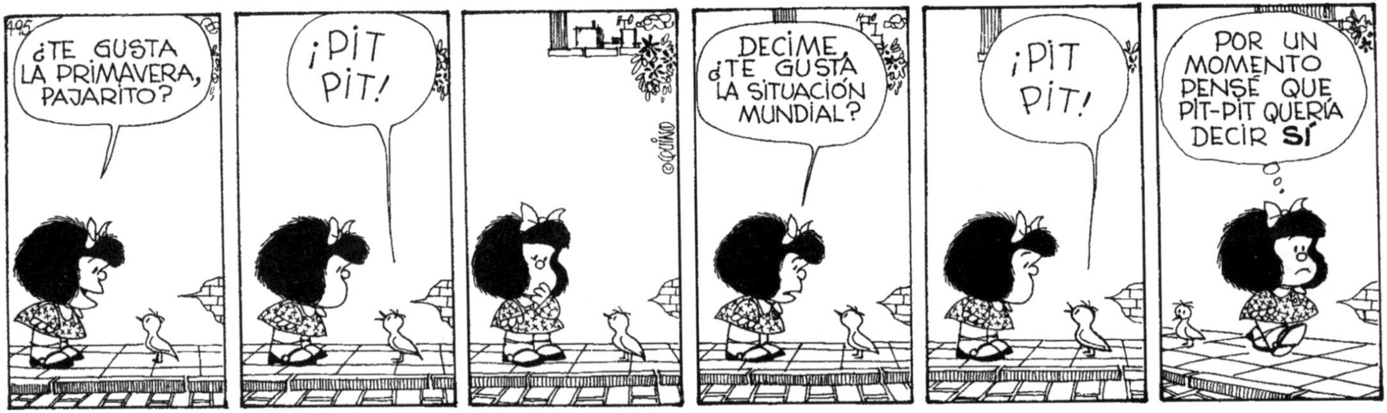
495
¿TE GUSTA LA PRIMAVERA, PAJARITO?
¡PIT PIT!
©QUINO
DECIME, ¿TE GUSTA LA SITUACIÓN MUNDIAL?
¡PIT PIT!
POR UN MOMENTO PENSÉ QUE PIT-PIT QUERÍA DECIR **SÍ**

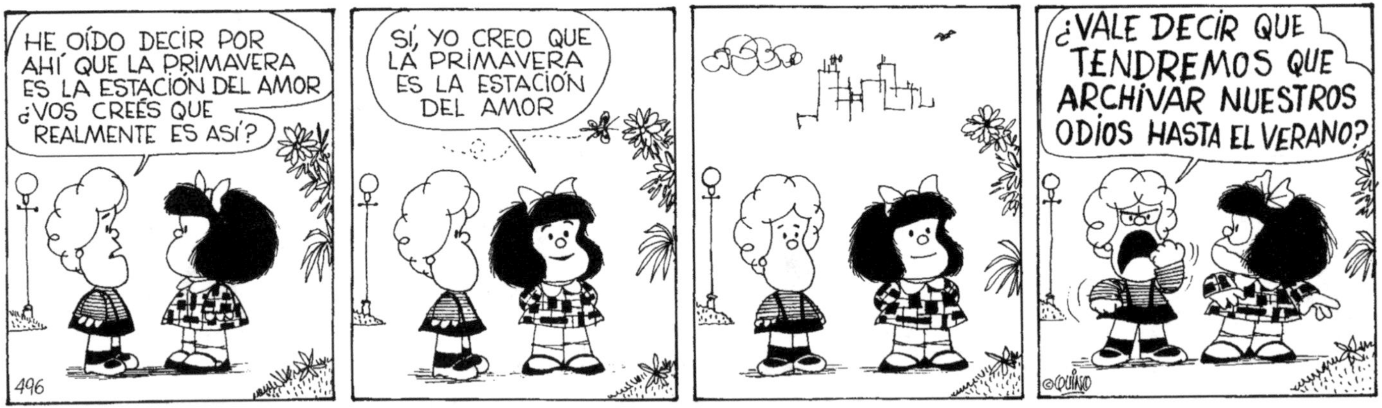
HE OÍDO DECIR POR AHÍ QUE LA PRIMAVERA ES LA ESTACIÓN DEL AMOR ¿VOS CREÉS QUE REALMENTE ES ASÍ?
496
SÍ, YO CREO QUE LA PRIMAVERA ES LA ESTACIÓN DEL AMOR
¿VALE DECIR QUE TENDREMOS QUE ARCHIVAR NUESTROS ODIOS HASTA EL VERANO?
©QUINO

...ES INNEGABLE QUE EL IMPULSO QUE ROCKEFELLER DIO A LAS....

497

¡OIGO NOMBRAR A ROCKEFELLER Y SE ME LLENAN LOS BOLSILLOS DE ENVIDIA!

¡QUÉ CASUALIDAD!.. MI MAMÁ TIENE UN GOMERO IGUAL, IGUAL A ESTE, PERO DE PLÁSTICO

¡DE PLÁSTICO!

498

¡ENTONCES NO ES IGUAL, MIGUELITO!... ¡EL PLÁSTICO ES FRÍO, SIN VIDA, SIN GRACIA Y NUNCA SE LO PUEDE COMPARAR A ALGO NATURAL!

UD. MUÉSTREME UN AUTITO HECHO CON UN GOMERO Y LUEGO HABLAMOS

¡QUÉ MALA PATA! ¡TENÍAMOS QUE VIVIR JUSTO EN ESTA ÉPOCA EN QUE EXISTEN ESTOS CHINOS!..

499

PERO MAFALDA, LOS CHINOS HAN EXISTIDO EN TODAS LAS ÉPOCAS

SÍ, BUENO...

..PERO A LOS CHINOS DE ANTES SÓLO LES DABA POR HACER PROVERBIOS

¡NO SÉ PARA QUÉ DIABLOS ESCUCHÉ ESE NOTICIOSO!

500

¿POR QUÉ? ¿QUÉ DIJERON EN EL NOTICIOSO?

¡QUE, EL PELIGRO DE UN LÍO NUCLEAR NOS AMENAZA A **TODOS**! ¿TE DAS CUENTA? ¡ABSOLUTAMENTE A TODOS!

¡HOMBRE!...

¡ES LA PRIMERA VEZ QUE HABLAN DE MÍ POR RADIO!

¡UDS. CREEN QUE LO ÚNICO QUE ME INTERESA ES EL ALMACÉN DE MI PAPÁ Y QUE SOY UN BESTIA SIN SENSIBILIDAD! ¿NO?

501

PUES PARA QUE SEPAN: ¡YO NO SOY LO QUE UDS. CREEN!

QUEDATE TRANQUILO, MANOLITO; AQUÍ NADIE CREE QUE VOS SEAS ALGO

CUANDO SEA GRANDE VOY A SER ASTRONAUTA ¡SÍ SEÑOR!..... UN BUEN ASTRONAUTA DEBE GANAR UN SUELDAZO

502

Y ADEMÁS,....¡ESO DE FLOTAR!...,¡Y DE SENTIRSE SUSPENDIDO EN EL ESPACIO!....¡Y.....

¡BONK!

¿CUÁNTO CREÉS QUE PUEDE GANAR UN BUEN COLCHONERO, MAFALDA?

@QUINO

¡LA PRIMAVERA, MANOLITO!.... ¡LLEGÓ LA PRIMAVERA!

503

¿Y?

¿QUIÉN PODÍA ESTAR PREPARADO PARA SEMEJANTE PREGUNTA?

¿QUÉ PLANES TENÉS PARA ESTA PRIMAVERA, MIGUELITO?

504

VIVIR

TAN CHIQUITO,... ¡Y YA TAN ORGANIZADO!...

© QUINO

"No dejes para mañana lo que puedes hacer hoy"

505

¡DIOS MÍO!...¡SI LOS CHINOS LLEGAN A LEER ESTO!...

506

¡BANG!

¡AUUUGH!

¡RAT-TA'TA'TA'TAT!

¡OUUUG! ¡AYYYY! ¡UUUCH!

¡BAING! ¡BAING!

¡AAAUGH!

¡HEEEY!

¿Y CÓMO DIABLOS NO VIO MI PAPÁ QUE EL NEGOCIO NO ES PONER UN ALMACÉN, SINO UNA POMPA FÚNEBRE?

VOY A DIVERTIRME UN RATO ASUSTANDO A MAFALDA CON ESTA ARAÑA DE GOMA

507

¿SABÉS QUÉ TENGO PARA VOS?

BUENO, NUNCA HABÍA QUERIDO DECÍRTELO, PERO PARA MÍ, TENÉS LOS DIENTES MUY SALIDOS Y LA CARA DEMASIADO LARGA Y POCO CARÁCTER...

¡MCHUIiiIK!

508

TOMÁ, MAFALDA; LEÉ "PULGARCITO", QUE PARA TU EDAD ES MUCHO MEJOR, ¿EHÉ?

¡TIC!

"...y en la oscuridad, creyendo dar cuenta de Pulgarcito y sus hermanos, el Ogro mató a sus propias hijas...."

PULGARCITO

¡ESTO SÍ QUE ESTÁ BUENO! YO CREÍA QUE PARA LA EDAD DE CUALQUIERA, ERA MUCHO MEJOR UN BESITO QUE UN CRIMEN

"...QUIEN APLICÓ UN RECIO GOLPE DE PUÑO AL GUARDAVALLA, ANTE LA IMPASIBILIDAD DEL ÁRBITRO, QUE NO SANCIONÓ EL FOUL...."

599

¿CÓMO ALGUIEN PUEDE QUEDARSE IMPASIBLE ANTE UNA COSA ASÍ? ¡ES INDIGNANTE!

"ES CADA VEZ MAYOR EL NÚMERO DE NIÑOS ABANDONADOS Y DESNUTRIDOS"

ES BUENO VER QUE TE PREOCUPA ALGO TAN IMPORTANTE, PAPÁ; ¡TODO EL MUNDO DEBIERA SER COMO VOS!

¿Y VOS, QUÉ TAL, MANOLITO? ¿SACASTE MEJORES O PEORES NOTAS QUE LA VEZ PASADA?

510

BUENO, ¿QUÉ TE DIRÉ? PARECE QUE YO A LA MAESTRA LE DESPIERTO UNA ESPECIE DE SIMPATÍA COMERCIAL

¿SIMPATÍA COMERCIAL? ¿Y ESO QUÉ QUIERE DECIR?

QUIERE DECIR QUE MIENTRAS MÁS ME CONOCE, MÁS DESCUENTO ME HACE

¿QUÉ TE OCURRE, FELIPE?

¡ALGO TERRIBLE! ¡SE ME ESTÁ AFLOJANDO UN DIENTE, MIRÁ!

¡UY! ¿A VER?

¿QUÉ TE PARECE?

QUE EN ESTE MOMENTO SOS UNA PÉSIMA PROPAGANDA PARA CUALQUIER PEGATODO

NO TE AMARGUES POR ESE DIENTE FLOJO, FELIPE; CUANDO SE TE CAIGA, LO PONÉS BAJO LA ALMOHADA, Y A LA MAÑANA SIGUIENTE TE ENCONTRÁS CON QUE LOS RATONES TE HAN DEJADO UNA MONEDA

512

¿ME DEJARÁN UNA MONEDA? ¿A MÍÍÍÍ? ¿LOS RATONES?

AJHÁ

¡QUÉ BICHOS SIMPÁTICOS RESULTARON SER LOS RAT.....

¿NO ES ESPANTOSO? ACABO DE APRENDER A ODIAR POR CUESTIONES ECONÓMICAS

TENGO UN DIENTE FLOJO, ¿VES? CUANDO SE ME CAIGA, LO PONDRÉ BAJO LA ALMOHADA Y LOS RATONES ME DEJARÁN UNA MONEDA

513

¿UNA MONEDA? ¿EN SERIO? ¿Y CUÁNTO TARDARÁ EN CAERSE EL DIENTE?

Y,..... NO SÉ; UNOS DÍAS

¿DÍAS? ¡HOMBRE!.... ¡CUANTO ANTES LO BAJEMOS, MENOS DEVALUADA ESTARÁ ESA MONEDA!

¡ES INÚTIL!.... LOS COBARDES NUNCA HARÁN BUENOS NEGOCIOS

ESTE ASUNTO DE LOS DIENTES DE LECHE NO LO ENTIENDO

514

¿ACASO NO ESTÁN BUENOS? ¿QUÉ NECESIDAD HAY DE CAMBIARLOS?

¡ME REVIENTA TENER QUE CAMBIAR ALGO CUANDO TODAVÍA SIRVE!

¡Y ADEMÁS....

¡NO ESTÁN LAS COSAS COMO PARA ANDAR DESPILFARRANDO DIENTES!

EXPLÍCAME CÓMO ES ESO DE LOS DIENTES DE LECHE, MAMÁ; ¿A UNO SE LE CAEN TODOS DE GOLPE? ¿POM?

5-15

NO, MAFALDA; PRIMERO SE TE CAE UNO......

VARIOS DÍAS DESPUÉS, OTRO...

UN TIEMPO MÁS ADELANTE, OTRO....

¡DIOS MÍO!...¿SABRÉ SOBRELLEVAR ESE LENTO STRIP-TEASE DE MIS ENCÍAS?

5-16

¡ASÍ ES LA COSA!.. AL FINAL SE ME CAYÓ EL DICHOSO DIENTE DE LECHE

LO QUE NO SABE EL POBRE ES QUE ADEMÁS SE LE HA CAÍDO MEDIA PERSONALIDAD

ESCUCHÁ QUÉ LINDO LO QUE ENCONTRÉ EN ESTE LIBRO, MANOLITO

517

"SI DE NOCHE LLORAS POR EL SOL, LAS LÁGRIMAS TE IMPEDIRÁN VER LAS ESTRELLAS"

¿Y CUANDO LA PALIZA ES AL MEDIODÍA?...¿¿QUÉ?!..

¡MANOS ARRIBA, EN NOMBRE DE LA LEY!

518

..¡UN DESASTRE DE LEY; ESO ES LO QUE TENEMOS!....¡QUE SI NOS DAN LA JUBILACIÓN, QUE SI NO NOS LA DAN!...... ¡VAYA UNA LEY!..

¡SÍ, HOMBRE, VAYA UNA PORQUERÍA DE LEY!...

PODÉS BAJARLAS; YA ME ARRUINARON EL CLIMA

TENGO QUE HACER UNA COMPOSICIÓN, SOBRE LA VACA, ¿QUÉ SE TE OCURRE QUE PUEDO DECIR, MIGUELITO?

5.19

LA VACA VIVE EN EL CAMPO. ALLÍ COME PASTO Y PASTO Y MÁS PASTO. ¡MUCHO PASTO!

LUEGO LA VACA VIENE A LA CIUDAD Y NOSOTROS NOS LA COMEMOS. Y YA ESTÁ

O SEA QUE PARA VOS, LA VACA NO ES OTRA COSA QUE UN INTERMEDIARIO ENTRE EL PASTO Y NOSOTROS

¿HICISTE EL DIBUJO DE LA VACA, QUE NOS PIDIÓ LA MAESTRA, MANOLITO?

SEGURO

520

¿ESTÁ PARECIDA?

BUENO,..... LA VERDAD......

SÍ, YA SÉ. LO QUE PASA ES QUE COMO NO TENÍA UNA VACA A MANO, NO ME SALIÓ EXACTAMENTE UNA VACA, SINO MÁS BIEN..

...EL "IDENTI-KIT" DE UNA VACA

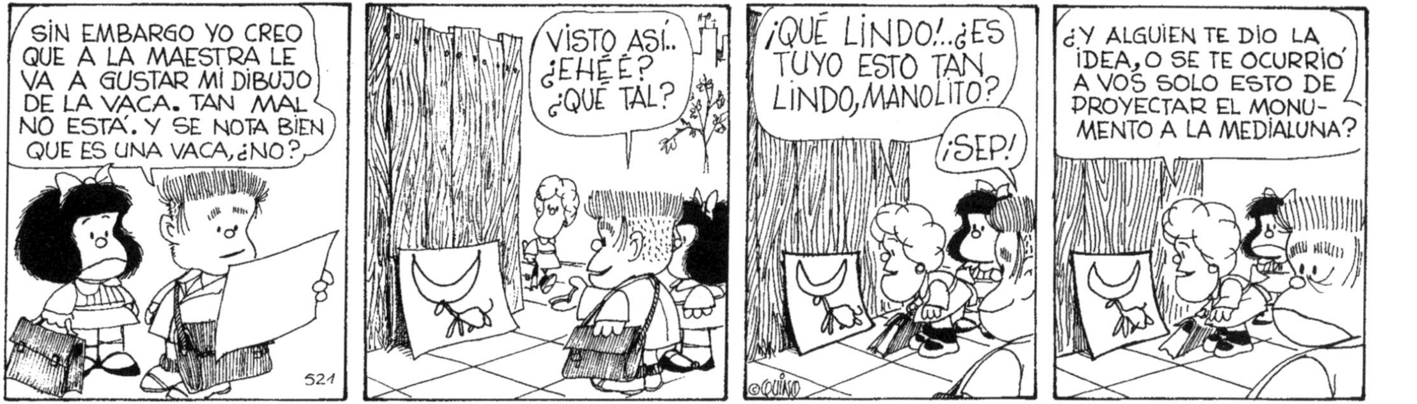
SIN EMBARGO YO CREO QUE A LA MAESTRA LE VA A GUSTAR MI DIBUJO DE LA VACA. TAN MAL NO ESTÁ. Y SE NOTA BIEN QUE ES UNA VACA, ¿NO?
521
VISTO ASÍ.. ¿EHÉÉ? ¿QUÉ TAL?
¡QUÉ LINDO!..¿ES TUYO ESTO TAN LINDO, MANOLITO?
¡SEP!
©QUINO
¿Y ALGUIEN TE DIO LA IDEA, O SE TE OCURRIÓ A VOS SOLO ESTO DE PROYECTAR EL MONUMENTO A LA MEDIALUNA?

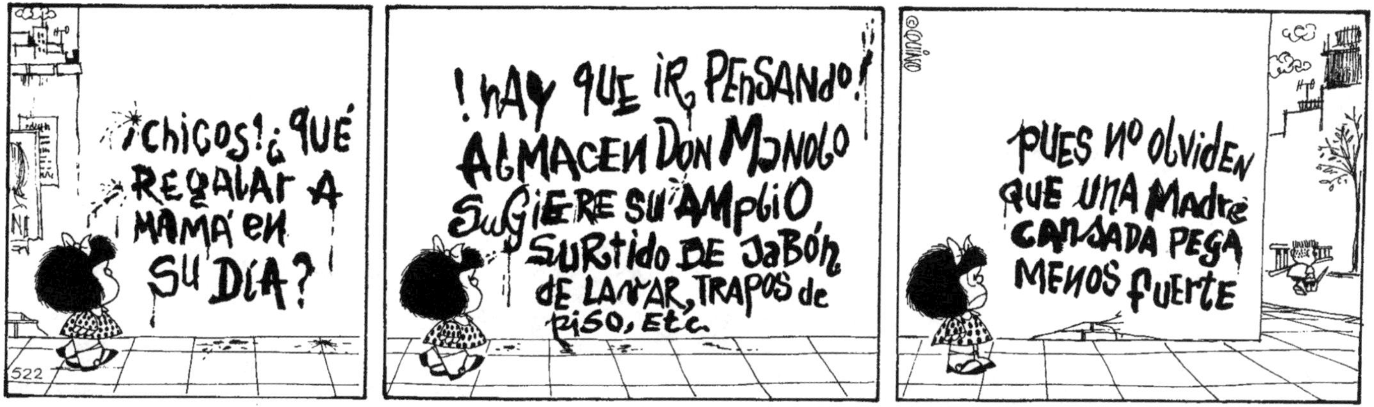
¡CHICOS! ¿QUÉ REGALAR A MAMÁ EN SU DÍA?
522
¡HAY QUE IR PENSANDO!
ALMACEN DON MANOLO SUGIERE SU AMPLIO SURTIDO DE JABÓN DE LAVAR, TRAPOS DE PISO, ETC.
©QUINO
PUES NO OLVIDEN QUE UNA MADRE CANSADA PEGA MENOS FUERTE

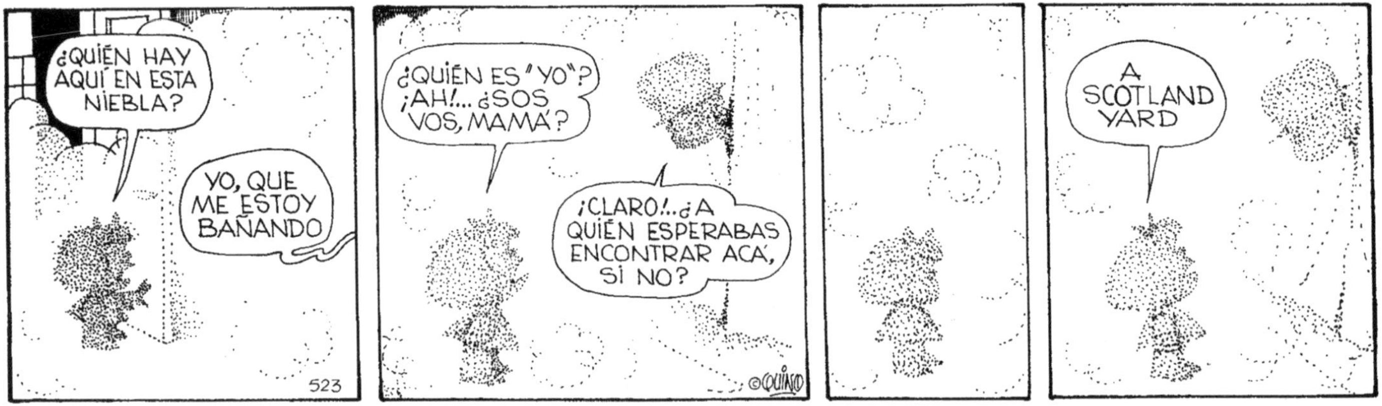
¿QUIÉN HAY AQUÍ EN ESTA NIEBLA?
YO, QUE ME ESTOY BAÑANDO
523
¿QUIÉN ES "YO"? ¡AH!... ¿SOS VOS, MAMÁ?
¡CLARO!.. ¿A QUIÉN ESPERABAS ENCONTRAR ACÁ, SI NO?
©QUINO
A SCOTLAND YARD

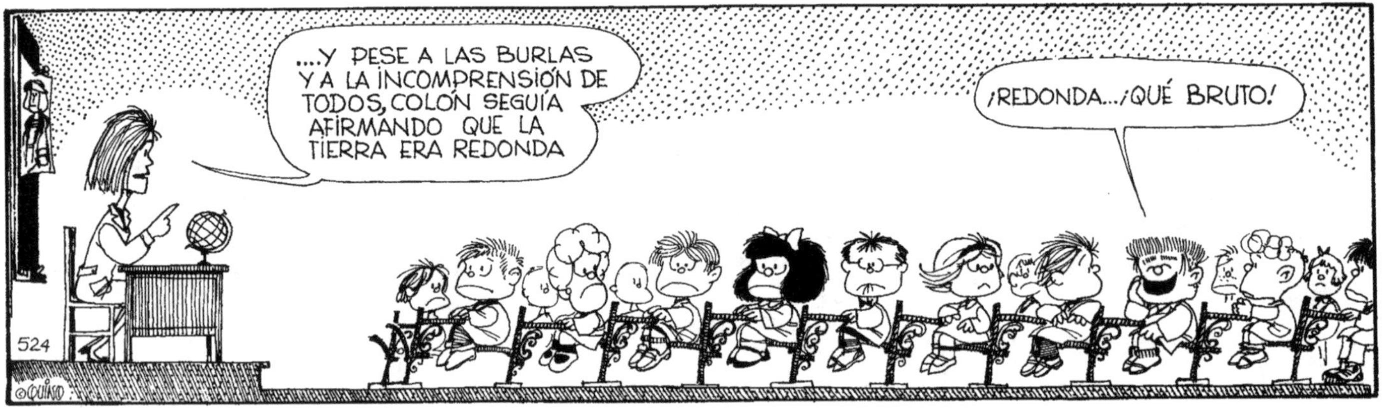
...Y PESE A LAS BURLAS Y A LA INCOMPRENSIÓN DE TODOS, COLÓN SEGUÍA AFIRMANDO QUE LA TIERRA ERA REDONDA
¡REDONDA...¡QUÉ BRUTO!
524
©QUINO

MUÉSTREME QUÉ TALLES TIENE EN PAÑUELOS PARA REGALAR A UNA MADRE

525

526

HOLA, FELIPE;...ESTEEEE,..... DECIME,¿HAS PENSADO YA A QUÉ REGALITO VAS A HACERME PARA EL DÍA DE LA MADRE?

¿REGALITO? ¿A VOS? ¿POR QUÉ?

BUENO,... ES ALGO DIFÍCIL DE EXPLICAR; NO SÉ SI ESTÁS PREPARADO PARA OÍRLO,... PERO YA NO PUEDO SEGUIR OCULTÁNDOLO;... TENDRÁS QUE HACERME UN REGALITO PORQUE YO,....ESTEE,...YO....

¿VOS QUÉ?

YO, HIJO MÍO,... ¡SOY TU MADRE!

SIN EMBARGO EN LOS TELETEATROS SIEMPRE DA RESULTADO

SUSANITA QUISO HACERME CREER QUE ELLA ES MI MAMÁ, ASÍ MAÑANA YO TENÍA QUE HACERLE UN REGALITO

¿Y VOS QUÉ LE DIJISTE?

527

Y,....YO TAMPOCO LE DIJE NADA

¡EN ESTE DÍA DE LA MADRE, UN BESOTE PARA MI MAMÁ Y PARA TODAS LAS MAMÁS DEL MUNDO!

528

Y POR FAVOR,...... NO VAYAN A COMETER HOY LA GAFFE DE HACER SOPA

© QUINO

¿DE NUEVO AHÍ TIRADO SIN HACER NADA Y ESPERANDO ALGO DE LA VIDA COMO LA OTRA VEZ, MIGUELITO?

529

NO, MAFALDA. ESTA VEZ HE PENSADO EN TODAS LAS INDUSTRIAS, EN TODOS LOS SEMBRADOS, LOS DIQUES, LAS TIENDAS, LOS CAMINOS,.....

....LOS HOSPITALES, LAS BIBLIOTECAS, LOS MUSEOS, LOS LABORATORIOS, LAS OFICINAS, LOS TEATROS,..

¿Y?

Y HE LLEGADO A LA CONCLUSIÓN DE QUE POR EL MOMENTO ESTÁ TODO HECHO Y PUEDO DESCANSAR

¿QUÉ TE PASA, MIGUELITO? ¿ESTÁS ENFERMO?

530

¿ENFERMO? NO...

¿NUNCA OÍSTE ESO DE "CREA FAMA Y ÉCHATE A DORMIR"?

SÍ

BUENO, LA FAMA LA HE DEJADO PARA MÁS ADELANTE

531

¿SABE USTED DONDE COMPRAN LOS EJECUTIVOS SUS LENTEJAS? ¡PUES EN ALMACÉN...

...DON MAN... ¡BONK!

MIGUELITO VA A TOMAR HOY SU DOSIS DE VACUNA SABIN ORAL Y QUIERE SABER ALGO, MAMÁ

532

ES COMO YO TE DECÍA, MIGUELITO; LA VACUNA SABIN TE PROTEGE DE LA POLIO,....

...PERO NO DEL COMUNISMO

¡LÁSTIMA!... HUBIERA SIDO BUENO MATAR DOS PÁJAROS DE UN TIRO

HABRÍA QUE EMPEZAR DE NUEVO, A VER SI SALE MEJOR

DE ACUERDO

533

¿A QUÉ SE JUEGA?

¡A NADA, HOMBRE!... HABLÁBAMOS DE LA HUMANIDAD

534

?

¡PAF!

PODRÍAN DECIRSE MUCHAS SUTILEZAS, PERO HOY NO TENGO GANAS

BUEN DÍA, MAMÁ. ¿NO SABÉS SI PROSCRIBIERON YA LAS ARMAS NUCLEARES?

535

NO SÉ, MAFALDA, PERO CREO QUE NO. ¿POR QUÉ?

BUENO, POR NADA EN ESPECIAL

SÓLO QUE SERÍA LINDO LEVANTARSE UN DÍA Y ENCONTRARSE CON QUE POR FIN LA VIDA DE UNO DEPENDE DE UNO

LA VERDAD ES QUE MANOLITO TIENE UNA CARA HONESTA, ¡SÍ SEÑOR! CUANDO LO VEA SE LO VOY A DECIR

536

PORQUE MIRÁ QUE HAY CARAS HIPÓCRITAS, ¿EH? LA DE MANOLITO, EN CAMBIO, ES UNA CARA FRANCA, ABIERTA, SINCERA....

...QUE DICE SIN TAPUJOS LO BESTIA QUE ES...

AQUÍ DICE QUE EN EL FUTURO LA HUMANIDAD PADECERÁ UN HAMBRE ESPANTOSA

¡ZÁS!...

SIENTO UN AMAGO FUTURISTA ¿TENDRÍAS PAN CON MANTECA?

LOS DIARIOS ESTÁN LLENOS DE MALAS NOTICIAS Y NADIE LOS DEVUELVE POR ESO;...

LA VIDA ESTÁ LLENA DE COSAS MALAS Y TODOS LA ACEPTAN

Y USTED PRETENDE DEVOLVER UN SIMPLE SALAMÍN PORQUE ESTÁ MALO EL RELLENO ¡VAMOS, SEÑORA!...

¡TIC!

"...SU DESAPARICION PRIVA A LA PANTALLA DE UNA DE SUS MAS GRANDES FIGURAS..."

¿QUIÉN?

"...CUYO ARTE INIGUALABLE NO OLVIDAREMOS JAMÁS"

¿PERO QUIÉN? ¿QUIÉN?

Y POR HOY, AMIGOS, NADA MÁS, SERÁ HASTA MAÑANA

¡Y NO DIJO!

¡DIOS MÍO!...

¡QUE NO HAYA MUERTO EL PÁJARO LOCO!

539

¡NO ME SIGAS LEYENDO! ¡NO SOPORTO PENSAR QUE EL LOBO VA A COMERSE A LA ABUELA DE CAPERUCITA!

¡BUENO, BUENO, ESTÁ BIEN!...

540

MEJOR JUGAMOS UN POCO AL BOWLING, ¿EH?

¡DALE!

DECIME, ¿LE ECHÓ MAYONESA, O SE LA COMIÓ ASÍ NOMÁS?

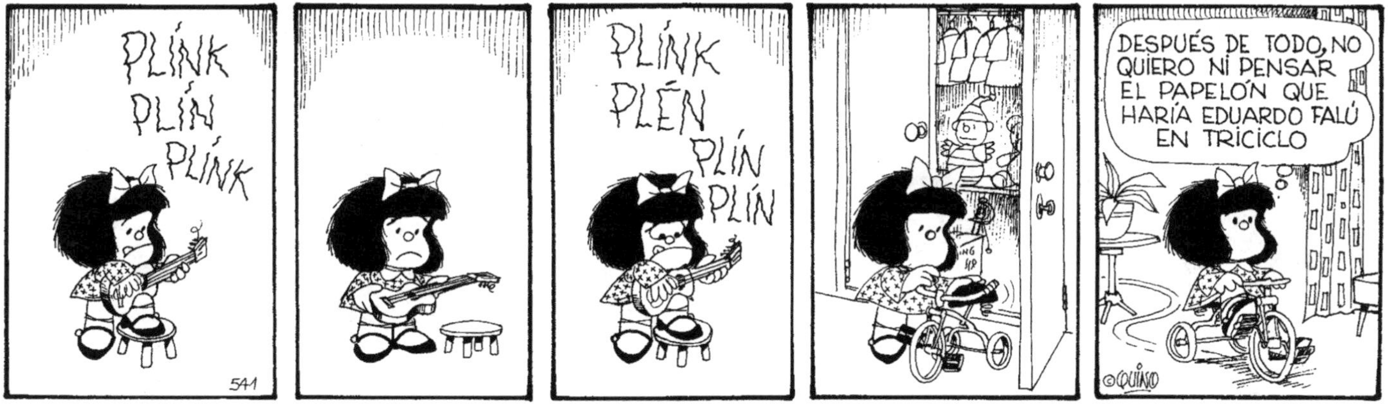
PLÍNK
PLÍN
PLÍNK
541
PLÍNK
PLÉN
PLÍN
PLÍN
DESPUÉS DE TODO, NO QUIERO NI PENSAR EL PAPELÓN QUE HARÍA EDUARDO FALÚ EN TRICICLO
©QUINO

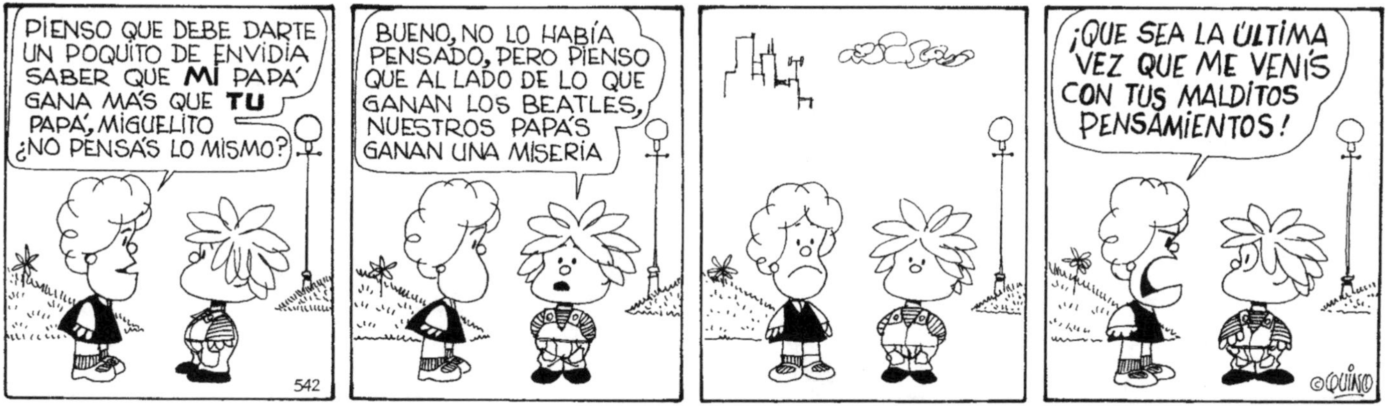
PIENSO QUE DEBE DARTE UN POQUITO DE ENVIDIA SABER QUE MI PAPÁ GANA MÁS QUE TU PAPÁ, MIGUELITO ¿NO PENSÁS LO MISMO?
542
BUENO, NO LO HABÍA PENSADO, PERO PIENSO QUE AL LADO DE LO QUE GANAN LOS BEATLES, NUESTROS PAPÁS GANAN UNA MISERIA
¡QUE SEA LA ÚLTIMA VEZ QUE ME VENÍS CON TUS MALDITOS PENSAMIENTOS!
©QUINO

LO SIENTO, PERO LAS HORMIGUITAS NO DEBEN VIVIR EN LAS CASAS DE LA GENTE

SUBÍ

543

¡ADIÓS!....
¡ADIÓS!....

¡SGLUB!

AL MENOS, RESULTA MÁS POÉTICO QUE ECHARLE GAMMEXANE

HOLA, SUSANITA, VENÍA A VER SI PODÍAS PRESTARME TU AGUJA DE ENHEBRAR COLLARES

544

PODRÍA HABERME COMPRADO UNA, PERO LA NECESITO POR ÉSTA SOLA VEZ Y ME ACORDÉ QUE VOS TENÍAS

ASÍ QUE ME DIJE: BUENO, AL FINAL, ¿PARA QUÉ ESTÁN LOS AMIGOS?

¿PARA QUÉ ERA QUE ESTABAN?

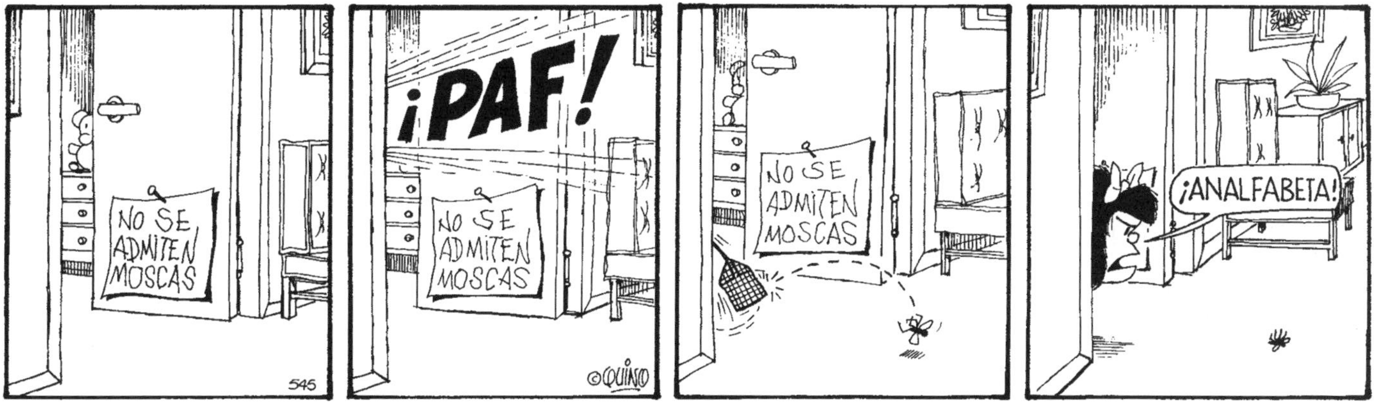
NO SE ADMITEN MOSCAS
545
¡PAF!
NO SE ADMITEN MOSCAS
©QUINO
NO SE ADMITEN MOSCAS
¡ANALFABETA!

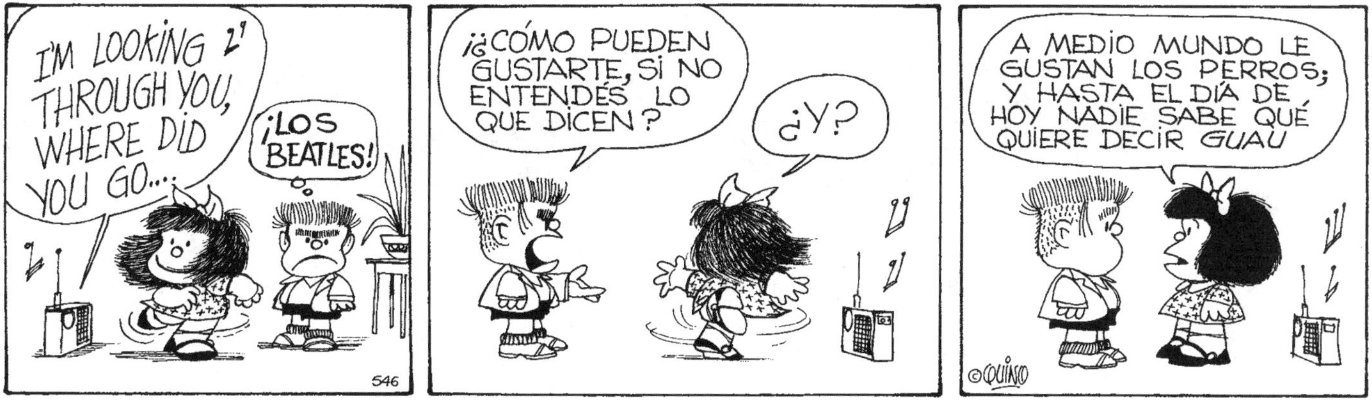
I'M LOOKING THROUGH YOU, WHERE DID YOU GO....
¡LOS BEATLES!
546
¿CÓMO PUEDEN GUSTARTE, SI NO ENTENDÉS LO QUE DICEN?
¿Y?
A MEDIO MUNDO LE GUSTAN LOS PERROS; Y HASTA EL DÍA DE HOY NADIE SABE QUÉ QUIERE DECIR *GUAU*
©QUINO

"SE OTORGÓ EL PREMIO NOBEL DE FÍSICA AL PROFESOR ALFRED KASTLER"

547

¿POR QUÉ SE LO DIERON?

"POR EL DESCUBRIMIENTO Y DESARROLLO DE MÉTODOS ÓPTICOS PARA EL ESTUDIO DE LAS RESONANCIAS HERTZIANAS EN LOS ÁTOMOS"

¡HOMBRE!... ¡ME LO SACASTE DE LA BOCA!

RRRRR RR

548

RRRR RR

RRRR RR

NO SÉ SI ELEGÍ UN MAL MOMENTO, O UN MAL SIGLO PARA TRATAR DE COMUNICARME CON MI MAMÁ

RRR

549

ASÍ ES LA COSA, MIGUELITO

HE ESTADO PENSANDO MUCHO EN LAS FUNCIONES DEL HOMBRE

Y LLEGUÉ A LA CONCLUSIÓN DE QUE NOSOTROS ESTAMOS RECIÉN EN LA MATINÉE DE LA VIDA

EL MUNDO ES COMO EL CINE, MIGUELITO; Y NOSOTROS RECIÉN ESTAMOS EN LA MATINÉE DE LA VIDA

550

AHÍ PASÓ UN PREESTRENO

TOMÁ, MAFALDA, ANDÁ A COMPRAR FIDEOS

551

PERO FIJATE BIEN, ¿EH? QUE SEAN SEMOLADOS; Y NI MUY GRUESOS, NI MUY FINOS

TAMPOCO MUY AMARILLOS, PORQUE ENTONCES ES QUE TIENEN COLORANTE. Y SI SON MUY BLANCUZCOS ES PORQUE TIENEN POCO HUEVO

¿VENÍS A JUGAR, MAFALDA?

NO PUEDO, ACABAN DE DARME UNA BECA PARA EL ESTUDIO DE LA FIDEOLOGÍA

552

¡OH-OH! ¡UNA CANA!

¡QUÉ EMOCIÓN! ¡SEGURO QUE ES DE UN EJECUTIVO! ¡LOS EJECUTIVOS TIENEN CANAS EN LAS SIENES!

BUENO,....¿POR QUÉ NO PODRÍA SER TAMBIÉN DE UN POBRE VIEJITO JUBILADO?

PORQUE LA VIDA ES LINDA PARA ARRIBA Y NO PARA ABAJO ¡ZANAHORIA!

VEAMOS ESTE NUEVO LIBRO DE CUENTOS

En un lejano país vivía un ogro que se comía a los niños

¡Y DALE!...

¡SIEMPRE NOS COMEN!

¿HASTA CUÁNDO VAMOS A SER LOS POLLOS DE LA LITERATURA?

553

¡YA ME TIENEN CANSADA ESTOS CUENTOS EN QUE LOS LOBOS Y LOS OGROS SE COMEN A LOS CHICOS!

554

¿NO ES QUE SOMOS EL FUTURO DE LA HUMANIDAD Y QUÉ SÉ YO? ¿EHÉÉÉ?

¿SOMOS O NO SOMOS?

¡CARNE DE IMPRENTA! ¡ESO ES LO QUE SOMOS!

¡BANG!

¡FFFFFF!

¡PAT! ¡PAT!

PERDONÁ QUE NO ME MURIERA ANTES, PERO ES QUE EN CASA ESTÁ DESCOMPUESTO EL LAVARROPAS

555

¿QUÉ ES ESE RECORTE DE DIARIO, MANOLITO?

LA COTIZACIÓN DEL MERCADO DE VALORES

¿DE VALORES MORALES? ¿ESPÍRITUALES? ¿ARTÍSTICOS? ¿HUMANOS?

NO, NO; DE LOS QUE SIRVEN

556

...Y EL AUTO VENÍA Y ¡PÓM!, CHOCÓ A LA VACA, QUE ¡BOOOOOOOP!, CAYÓ SENTADA EN LA LUNA

¡NO, EN UN SATÉLITE ARTIFICIAL!

557

¡LOS CHICOS TIENEN UNA IMAGINACIÓN REALMENTE INSUPERABLE! ¡NO HAY QUIÉN LES GANE A INVENTAR FANTASÍAS!

"SE AFIRMÓ EN GINEBRA QUE UNA VEZ QUE SE LOGRE EL DESARME NUCLEAR, LA PAZ MUNDIAL SE VERÁ ASEGURADA"

¡TOC!

558

¡NI UNO!... ¡MALDITO SEA!

¡SOY UN TORPE! ¡ESO ES LO QUE SOY! ¡UN TORPE Y UN ZANAHORIA!

PLAP-PLAP-PLAP
PLAP-PLAP-PLAP
PLAP-PLAP-PLAP
PLAP-PLAP-PLAP
PLAP-PLAP-PLAP

¡ALTO AHÍ! ¡SOY EL LLANERO SOLITARIO!

¡HMM!.. NO ME PARECE; EL LLANERO SOLITARIO ES MAYOR, ADEMÁS ES MOROCHO, USA BOTAS Y NO TIENE ESA CARA

559

¡ES QUE SOY EL LLANERO SOLITARIO PARALELO!

560

?

¿QUIÉN ES ESTA NENA, MAMÁ?

YO

¡¿POR QUÉ ME HAS OCULTADO QUE FUISTE MI HERMANA?!

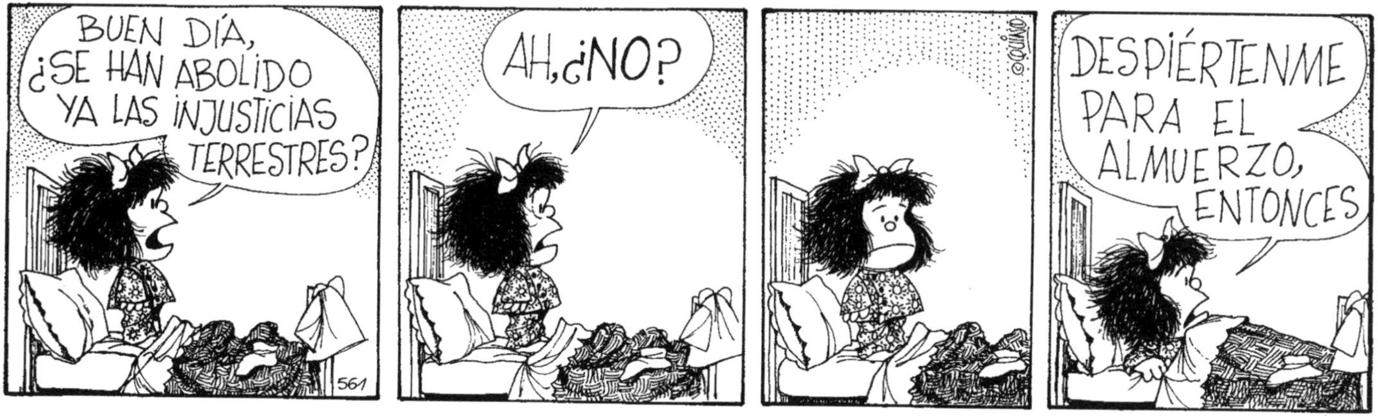
BUEN DÍA, ¿SE HAN ABOLIDO YA LAS INJUSTICIAS TERRESTRES?
561
AH, ¿NO?
©QUINO
DESPIÉRTENME PARA EL ALMUERZO, ENTONCES

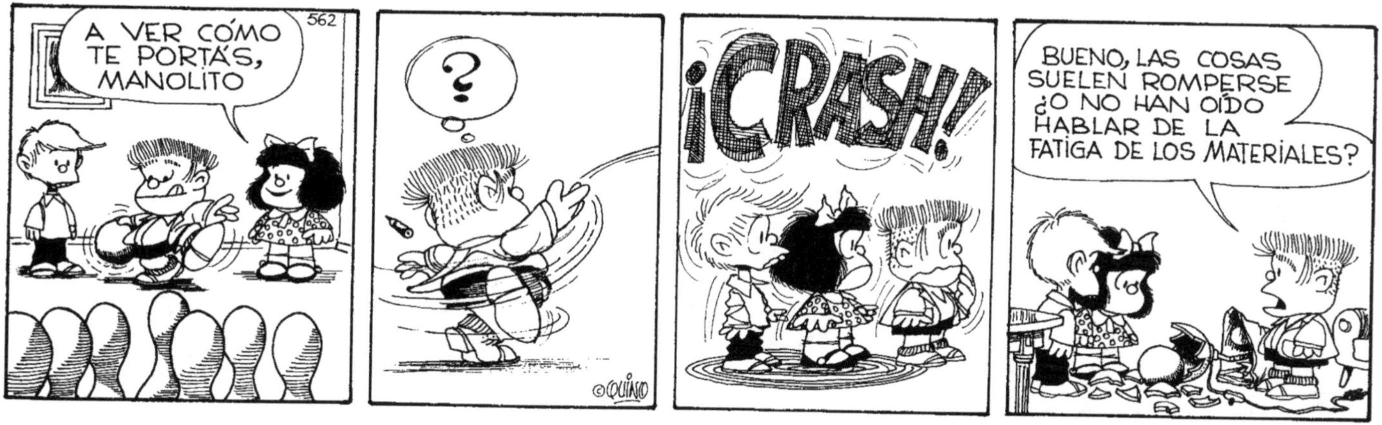
562
A VER CÓMO TE PORTÁS, MANOLITO
?
©QUINO
¡CRASH!
BUENO, LAS COSAS SUELEN ROMPERSE ¿O NO HAN OÍDO HABLAR DE LA FATIGA DE LOS MATERIALES?

¡ES UNA BARBARIDAD!... ¡ME PREGUNTO DÓNDE VAMOS A PARAR!

571

¿Y NO SERÍA MUCHO MÁS PROGRESISTA PREGUNTARSE DÓNDE VAMOS A SEGUIR?

¡AJHAJHA'A'!...¡ALTO AHÍ! ¡SOY EL LLANERO SOLITARIO!

¿EL LLANERO SOLITARIO? ¡MUCHO GUSTO! MI NOMBRE ES ROCKEFELLER, A SUS ÓRDENES

SIEMPRE HAY UN SARCÁSTICO MATERIALISTA DISPUESTO A ESTROPEARNOS LA FANTASÍA

565

¿QUÉ HACÉS, MIGUELITO?

TRATO DE VER A MI TATARABUELO. SEGÚN ME CONTÓ MI MAMÁ, MI TATARABUELO SE FUE AL CIELO A LOS NOVENTA AÑOS

¡PERO HOMBRE! ¿CÓMO VAS A VERLO? ¡EL CIELO ES ENORME Y QUIÉN SABE POR DÓNDE ANDA TU TATARABUELO!

¡BAH!... POR AQUÍ NO MÁS

A LOS NOVENTA AÑOS NADIE PUEDE TENER MUCHA AUTONOMÍA DE VUELO

SEGÚN ESTADÍSTICAS, EN LA INDIA NACEN CUARENTA PERSONAS POR MINUTO

566

¡DIOS MÍO!

¡QUÉ DESPOBLADO ME RESULTA AHORA UN MINUTO NACIONAL!

MAFALDA, ¿PODRÍAS FIJARTE SI UN DIARIO QUE HAY POR AHÍ ES VIEJO O ES EL DE HOY?

27 de Noviembre

"RECHAZÓ LA URSS UNA PROPUESTA NORTEMERICANA"

LAS DOS COSAS, PAPÁ

567

...TENEMOS ENTONCES QUE **LA TIERRA** PRESENTA LA FORMA DE UN ¿**QUÉ?**

DE UN...ESTE... ¡AH!, DE UN ESFEROIDE

568

¡UN ESFEROIDE! ¡CORRECTO! AHORA BIEN, NUESTRO PLANETA TIENE TAMBIÉN UN LIGERO ACHATAMIENTO EN ¿**DÓNDE?**

¿EN EL ÁNIMO?

AYER SE ME VOLCÓ EL TINTERO SOBRE LA HOJA Y TUVE QUE HACER TODO EL DEBER DE NUEVO

569

¡ME DIO TANTA RABIA, QUE EMPECÉ A DECIRME DE TODO: ¡ZANAHORIA!¡¡IDIOTA! ¡BOBALICONA!....

¡ESTÚPIDA! ¡IMBÉCIL! ¡¡GAZNÁPIRA!! ¡¡TONTARRONA!! ¡¡INFELIZ!!

¿ES PECADO ENTUSIASMARSE?

EN REALIDAD, LOS GRANDES HOMBRES SE HICIERON FAMOSOS POR HABER HECHO COSAS FUERA DE LO COMÚN

570

ASÍ QUE UN DÍA DE ÉSTOS ME PONGO A HACER ALGO FUERA DE LO COMÚN Y ¡LISTO; ME HAGO FAMOSO!...¿NO ES FANTÁSTICAMENTE SENCILLO?

¿ME LLEVARÁN ESTE DOMINGO A LO DE MI ABUELITO? ¡LA PASO DE BIEN CON ÉL!.....

¡VI UNA AMETRALLADORA FANTÁSTICA!...¡A PILAS!.. ¡Y ECHA UNAS CHISPAS Y SE LE ENCIENDE UNA LUZ ROJA Y TODO!.... LE PEDÍ A MI MAMÁ QUE ME LA COMPRARA

571

PERO ME SALIÓ CON QUE "¡NO SEÑOR, USTED YA TIENE EL REVÓLVER ESE QUE TIRA BALITAS DE PLÁSTICO.¡ACASO NO LE SIRVE LO MISMO?"

"¡LO MISMO!..."

DECIME SI NO PODRÍA HABER INVENTADO MEJOR EXCUSA QUE ESA DE HACERSE LA INCULTA

¡BUENO...¿QUIÉN FUE EL GRACIOSO?!

572

MIRE UD., DON COSME, QUE NIÑITA ALEGRE Y FELIZ

¡EH!... ¡TAMBIÉN!... TIENE TODA LA VIDA POR DELANTE

573

¿Y POR LOS COSTADOS, QUÉ?

574

¡QUÉ FORMIDABLE!

UN OBSERVATORIO METEOROLÓGICO DE INGLATERRA TIENE MÁQUINAS ELECTRÓNICAS PARA PRONOSTICAR EL ESTADO DEL TIEMPO

¡BUENO!... ¡POR FIN HAN LOGRADO AUTOMATIZAR LOS PAPELONES!

575

¡DIOS MÍO, MANOLITO! ¿TE CAÍSTE?

¡NO, ES QUE AHORA ME DA POR HACER *HAPPENINGS!*

¿TENÉS ALGUNA NUEVA REVISTA DE HISTORIETAS PARA PRESTARME MAFALDA?

576

TENGO ÉSTA, QUE ME TRAJO MI PAPÁ

"VIDAS EJEMPLARES" ¿Y ESO QUÉ ES?

ES LA VIDA, EN FORMA DE HISTORIETA, DE GENTE QUE HIZO GRANDES COSAS POR EL BIEN DE LA HUMANIDAD

GRACIAS. YO QUIERO ENTRETENERME; NO SENTIRME INTRASCENDENTE

TÚ TÚ TÚ TÚ

577

TÚ TÚ ¡TÚT!

TÚT TÚ TÚT TÚT

¡ES CURIOSO!... SIEMPRE PENSÉ QUE EL JAZZ ERA MÁS INTERESANTE

....Y CUANDO EL SOL ILUMINA UNA MITAD, EN LA OTRA ES DE NOCHE, ¿ENTENDÉS AHORA CÓMO ES LA COSA?

AAAAAAH...

578

¿O SEA QUE MIENTRAS LOS DE ESTA MITAD DEL MUNDO ESTAMOS DESPIERTOS, LOS DE LA OTRA MITAD ESTÁN DURMIENDO?

CLARO

579

¿QUÉ PASA, MIGUELITO? ¿POR QUÉ CAMINAS ASÍ?

¡SSSHHH!... EN LA OTRA MITAD DEL MUNDO ES DE NOCHE,... Y DUERMEN

EL POBRE AÚN NO SABE QUE EN ESTE MUNDO, UNA MITAD ES INCAPAZ DE ESCUCHAR A LA OTRA

¿QUÉ LE PASA A TU AMIGO MIGUELITO, MAFALDA? ¿POR QUÉ CAMINA ASÍ?

¿ASÍ CÓMO? ¡AH!...

580

PORQUE DICE QUE EN LA OTRA MITAD DEL MUNDO ES DE NOCHE, Y NO HAY QUE DESPERTAR A LOS QUE DUERMEN

¡JA! ESTO ME RECUERDA AQUÉLLA VEZ QUE MAO TSÉ-TUNG DIJO QUE SI LOS 700 MILLONES DE CHINOS SE PONÍAN DE ACUERDO Y DABAN AL MISMO TIEMPO UNA PATADA EN EL SUELO, EL RESTO DEL MUNDO IBA A PASARLA MAL, ¿NO ES GRACIOSO?

NO; NO ES GRACIOSO

ESTOY SOLO Y ABURRIDO, ¿PODÉS VENIR A MI CASA?

LO SIENTO, MIGUELITO, VOY A SALIR CON MI MAMÁ, PERO ¿NO TENÉS ALGÚN LIBRO? UN LIBRO ES UN BUEN AMIGO

BUENO, ¿A QUÉ QUERÉS QUE JUGUEMOS?

♪ QUE LLUEVA, ♪ QUE LLUEVA, LA VIEJA ESTÁ EN LA CUEVA ♪...

¿QUIÉN IBA A IMAGINARSE ESTA DERIVACIÓN SOCIAL?

"♪ WE, ALL LIVE IN A YELLOW SUBMARINE... ♪"

¡LOS BEATLES!... ¿POR QUÉ NO ESCUCHÁS ALGO NUESTRO, EN VEZ DE A ESTOS QUE NO SE LES ENTIENDE LO QUE DICEN?

...STRO HABITUAL PROGRAMA DE MÚSICA NATIVA

¡ESO! ¡AHÍ ESTÁ!

583

¡Y EN PRIMER LUGAR, AMIGOS, UNA VIDALA, QUE ES GRITO HECHO PIEDRA! ¡RAÍZ ANCESTRAL, MADURADA EN EL VIENTRE MINERAL DE LA MADERA!... ¡CANTO FUNDAMENTAL QUE DESBORDA...

...SU SANGRE DE TORO MILENARIO TREPANDO POR EL VINO HACIA LA NOCHE, LEYÉNDOLE LAS VENAS AL SALITRE,....

? ?

BUENO, ¿Y A TU PAPÁ CÓMO LE VAN LAS COSAS EN LA OFICINA?

CLIK!

"VEO-VEO"

¿QUÉ VES?

UNA COSA

¿DE QUÉ COLOR?

584

NEGRO

¿EL FUTURO?

"ESTADOS UNIDOS, RUSIA Y OTROS PAÍSES LLEGARON A UN ACUERDO SOBRE UN TRATADO MEDIANTE EL CUAL, EL COSMOS SE VERÁ LIBRE DE PRUEBAS NUCLEARES, ASÍ COMO DEL USO DE ARMAS ATÓMICAS"

585

¡SUERTUDOS!

¡NO ME HAGAS ACORDAR!... ¡QUÉ TAJO, DIOS MÍO!... ¡QUÉ ESPANTO!... ¡CADA VEZ QUE ME ACUERDO ME ENTRA UNA COSA!...

586

¡UN TAJO TERRIBLE!.... ¡ME ACUERDO Y ME DESCOMPONGO!... ¡UNA MASACRE EN EL DEDO!... ¡TE JURO QUE ME DESCOMPONGO AL RECORD

BUENO, NO PENSÉS...

¡NO ME INTERRUMPAS!

¡Y LA SANGRE!... ¡PREFIERO NO ACORDARME!... ¡QUÉ MANERA DE PERDER SANGRE!... ¡NO QUIERO RECORDAR LA DE SANGRE QUE....

¿QUÉ TE PASÓ EN EL DEDO, SUSANITA?

¡AH! ¿VOS NO TE ENTERASTE?

NO

¡SI VIERAS, FELIPE!.... ¡ANTEAYER ME HICE UN TAJO QUE PARA QUÉ TE VOY A CONTAR! ¡SI SUPIERAS!... PERO NO, NO; MEJOR NO HABLAR DEL ASUNTO

SÍ, EN REALIDAD, DE ESAS COSAS ES MEJOR NO HABLAR

¡MALDICIÓN!

¿POR QUÉ LA MATASTE? ¿QUÉ MAL TE HABÍA HECHO ESA POBRE HORMIGUITA?

588

¡ES TRISTE!, PERO A CIERTOS BICHOS NO HAY MÁS REMEDIO QUE MATARLOS. Y SI VOS PENSÁS LO CONTRARIO, ¿POR QUÉ COMÉS POLLO, O PESCADO, O CARNE?...

¡A LOS BUENOS NOS TIENEN AGARRADOS CON ESE MALDITO ARGUMENTO!

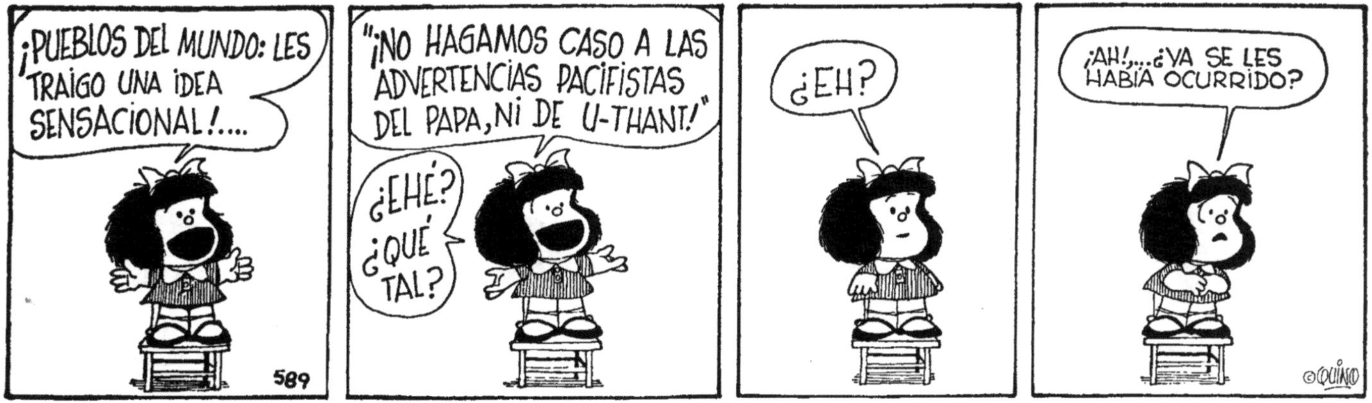
¡PUEBLOS DEL MUNDO: LES TRAIGO UNA IDEA SENSACIONAL!....
"¡NO HAGAMOS CASO A LAS ADVERTENCIAS PACIFISTAS DEL PAPA, NI DE U-THANT!"
¿EHÉ? ¿QUÉ TAL?
¿EH?
¡AH!,...¿YA SE LES HABÍA OCURRIDO?
589
©QUINO

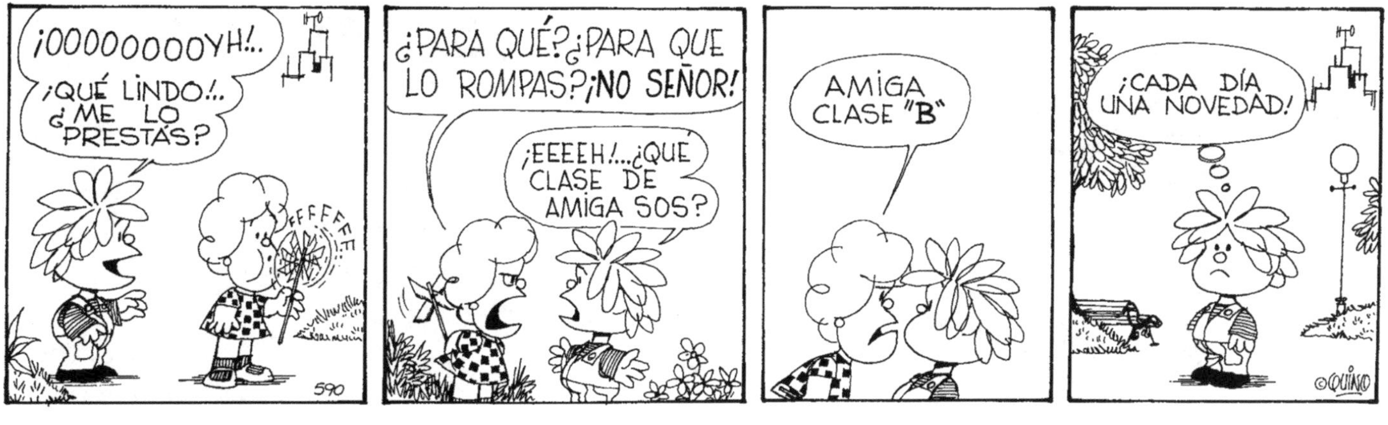
¡OOOOOOOOYH!..
¡QUÉ LINDO!.. ¿ME LO PRESTÁS?
FFFFFFFF
590
¿PARA QUÉ? ¿PARA QUE LO ROMPAS? ¡NO SEÑOR!
¡EEEEH!...¿QUÉ CLASE DE AMIGA SOS?
AMIGA CLASE "B"
¡CADA DÍA UNA NOVEDAD!
©QUINO

"SEGÚN ALGUNOS OBSERVA-DORES, LA SITUACIÓN INTER-NACIONAL ES SUMAMENTE CRÍTICA"

¿AJHÁ?

591

"LAS PROBABILIDADES DE UN CONFLICTO BÉLICO GENE-RALIZADO AUMENTAN DÍA A DÍA"

¡MIRÁ VOS!...

"EL ARMAMENTISMO CRECE EN FORMA ALARMANTE"

¡SLURP!

PERDÓN, FELIPE; PERO MIENTRAS TOMO UN HELADO SE ME DESDIBUJA EL MUNDO ¿VOS ME HABLABAS?

...Y EN LO ALTO DE TODO, LA ESTRELLA QUE GUIÓ A LOS REYES, HASTA BELÉN

592

¿SABÉS QUÉ LLEVABAN LOS REYES EN SUS ALFORJAS?

¡SÍ, FUSIBLES!

¡PUEBLOS DEL MUNDO: ESCUCHEN!...

593

TIC TIC TIC

♫♪ NOOOOOCHE DE PAZ, NOOOOCHE DE AMOR.. ♪♫

©QUINO

ANTES DE CONTINUAR ME GUSTARÍA SABER SI SE ENTIENDE LA LETRA

594

Y SE NOS VA ACABANDO EL AÑO, NO MÁS

ASÍ ES

¿CÓMO SERÁ EL AÑO QUE VIENE?

©QUINO

¡MUY VALIENTE, PORQUE COMO ANDA LA COSA, ANIMARSE A VENIR!...

JUSTAMENTE IBA PARA TU CASA A LLEVARTE UN ALMANAQUE DE LOS QUE REGALA EL ALMACÉN DE MI PAPÁ

¡OH, GRACIAS MANOLITO!

VAS A VER QUÉ LINDO PAISAJE TIENE; CON UNOS COLORES!... Y UNA LUNA, UN LAGO CON BOTECITOS, Y VACAS EN LA ORILLA, Y CERROS NEVADOS, Y EN PRIMER PLANO UN CORTINADO, Y UN JARRÓN CON FLORES, Y MARIPOSAS..

595

TOMÁ

GRACIAS, MANOLITO

LA POBRE SE HA EMOCIONADO

TENGO ALGO PARA VOS, FELIPE: UN ALMANAQUE DE LOS QUE REGALA EL ALMACÉN DE MI PAPÁ

¡QUÉ BUENO!

596

TIENE UN PAISAJE MUY BONITO, CON LA LUNA, Y UN LAGO CON BOTES, Y VACAS, Y CERROS NEVADOS, Y EN PRIMER PLANO UN CORTINADO, Y UN JARRÓN CON FLORES, Y MARIPOSAS.; VERÁS QUÉ LINDO.!..

¿Y?; ¡QUÉ ME DECÍS!...

¡GRAP!....

......CIAS, MANOLITO

¿"GRAPCIAS"?

VEAMOS, HASTA AHORA HE REGALADO **DOS** ALMANAQUES DE ALMACÉN "DON MANOLO": UNO A MAFALDA Y OTRO A FELIPE

QUE LES DEBE HABER GUSTADO MUCHÍSIMO, PORQUE EL PAISAJE ES MUY BONITO, Y QUE COLORES...

BIEN, ENTONCES AHORA LE TOCA EL TURNO A SUSANITA

AH, ¿OTRO MÁS DE TU ALMACÉN? MAFALDA Y FELIPE YA ME REGALARON **DOS**

EL AÑO QUE VIENE LLEGA DE AQUEL LADO, MIGUELITO

AH, GRACIAS

HAY QUE ESTAR EN TODO

¡ADIÓS, ADIÓS AÑO VIEJO! ¡YA NO VOLVEREMOS A VERTE NUNCA MÁS! 599

NO, FELIPE; EN VEZ DE MIRAR HACIA LO VIEJO CON PENA, HAY QUE MIRAR HACIA LO NUEVO CON ALEGRÍA Y OPTIMISMO!

ASÍ, ¿VES? "¡HOLA, HOLA, AÑO NUEVO! ¡QUÉ ALEGRÓN TENERTE CON NOSOTROS!"

¡Y A VER SI EN JULIO PODEMOS DECIR LO MISMO ¿ESTAMOS?

¿QUÉ VAS A PEDIRLE A LOS REYES, SUSANITA? 600

BUENO,.... NO SÉ..... LOS REYES SON TAN BUENOS, QUE ME CONFORMARÉ CON LO POCO QUE ELLOS QUIERAN TRAERME

¡PERO VERDE, CON BOCINA A PILAS EN EL MANUBRIO Y RUEDITAS A LOS COSTADOS PARA NO CAERME!

HOLA, MAFALDA, ¿TENDRÍAS UN MARTILLO PARA PRESTARME, POR FAVOR?

CÓMO NO, MIGUELITO, ADELANTE

601

¿TE SIRVE ESTE?

¡FANTÁSTICO! APENAS TERMINE TE LO TRAIGO

¿ALGÚN ARREGLO EN TU CASA?

NO, NO...

QUIERO EMPEZAR DE CERO MI PEDIDO A LOS REYES

¡MAÑANA A LA NOCHE PASAN LOS REYES, MANOLITO!!

LOS REYES, SÍ

602

TE DIRÉ, MAFALDA, ESTE ASUNTO DE LOS REYES,... ¡EN FIN!... UNO VA CRECIENDO.....

¿Y?

¡ZAS!

Y,... PUES,.... EMPIEZA A DARSE CUENTA

¿A DARSE CUENTA? ¿DE QUÉ?

DE QUE COMO FINANCISTAS SON UN DESASTRE ¿¡DÓNDE SE HA VISTO, REGALAR LA MERCADERÍA UN AÑO, Y OTRO, Y OTRO, Y OTRO!... ¡EEEEEEEEEH!.....

603

BUENO, ¿Y QUÉ LE PEDISTE A LOS REYES, MAFALDA?

LA PROSCRIPCIÓN DE LAS ARMAS ATÓMICAS, O ALGO ASÍ; ¡SEGURO!... ¡ÉSTA ANDA SIEMPRE CON ESAS ESTUPIDECES!

UN LIBRO DE CUENTOS, UNA MUÑECA Y UN JUEGO DE ARMAR CASITAS, FELIPE

¿QUÉ HAY, SUSANITA? ¿POR QUÉ CORRÉS?

INTUICIÓN FEMENINA

604

¡AHORA ES EL MOMENTO!

Z? ZZZZ

UNO SE SIENTE COMO UN TERRORISTA DE LA FELICIDAD

¡QUÉ LINDO! ¿SUBE MUY ALTO?

¡UF!

¡HASTA EL CIELO!

¿A VER? ¡DALE!

¡TIC!

¡LO QUE PASA ES QUE PARA ESO DE LA ALTURA, EL CIELO ES UN EXAGERADO!

605

606

Y A CONTINUACIÓN PRESENTAMOS NUESTRO INFORMATIVO, CON NOTICIAS NACIONALES E....

...INTERNACIONALES DE LAS AGEN...

HOY QUIERO VIVIR SIN DARME CUENTA

©QUINO

¿Y SUBE COMO LOS COHETES DE VERDAD?

¡CLARO!

¿A VER? ¡DALE!

607

ESTÁ MUY BIEN, MIGUELITO, TAMPOCO ES CUESTIÓN DE QUE VAYA Y LE SAQUE UN OJO A ALGÚN ANGEL

¡GRAN TIPO, ESTE FELIPE!

608

¡SÑÍF!...

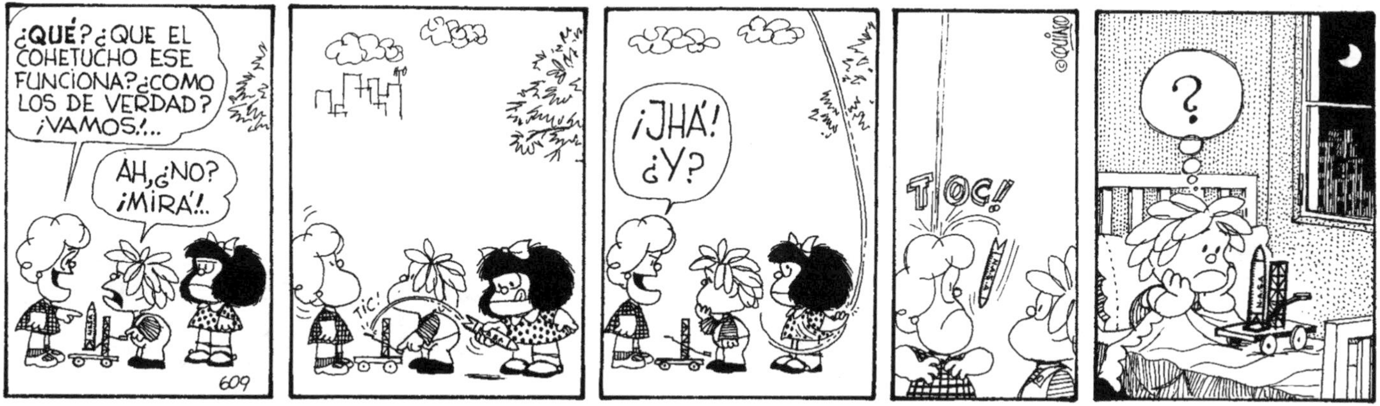
¿QUÉ? ¿QUE EL COHETUCHO ESE FUNCIONA? ¿COMO LOS DE VERDAD? ¡VAMOS!...
AH, ¿NO? ¡MIRÁ!...
609
TIC!
¡JHÁ! ¿Y?
TOC!
©QUINO
?

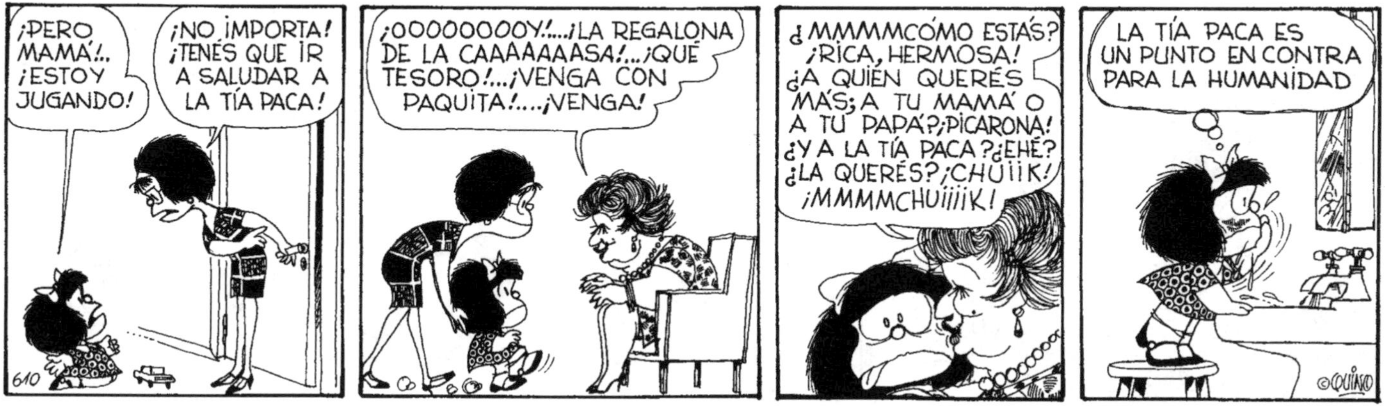
¡PERO MAMÁ!... ¡ESTOY JUGANDO!
¡NO IMPORTA! ¡TENÉS QUE IR A SALUDAR A LA TÍA PACA!
610
¡OOOOOOOOY!....¡LA REGALONA DE LA CAAAAAAASA!...¡QUÉ TESORO!...¡VENGA CON PAQUITA!....¡VENGA!
¿MMMMCÓMO ESTÁS? ¡RICA, HERMOSA! ¿A QUIÉN QUERÉS MÁS; A TU MAMÁ O A TU PAPÁ? ¡PICARONA! ¿Y A LA TÍA PACA? ¿EHÉ? ¿LA QUERÉS? ¡CHUIIIK! ¡MMMMCHUIIIIIK!
LA TÍA PACA ES UN PUNTO EN CONTRA PARA LA HUMANIDAD
©QUINO

¡ESTÚPIDA!

611

¿QUÉ FUE?

¡UNA HORMIGA! ¡ME DA UNA RABIA CUANDO ME PICA UN BICHO DE ESTOS!...

SÍ, ES MUY MOLESTO. A MÍ ANOCHE ME PICÓ UN MOSQUITO

¡NO VAS A COMPARAR!... ¡EL MOSQUITO PICA PARA GANARSE EL PAN!

TENÍA QUE PASARME JUSTO AHORA QUE MI MARIDO ESTÁ POR PERDER SU EMPLEO

¡LOS PLATINOS!.. ¡SIEMPRE LOS MALDITOS PLATINOS!

¡UN ABOGADO ME DICE ESTO, OTRO AQUELLO!.... ¡QUÉ SÉ YO, MIRÁ!...¡ESTOY DESESPERADO!

NO PUEDO QUITARME DE LA CABEZA LA DUDA DE SI LOS ÁNGELES PUEDEN VOLAR PARA ATRÁS, O NO

EN ESTE MUNDO, CADA CUAL TIENE SU PEQUEÑA O GRAN PREOCUPACIÓN

DECÍME, PAPÁ, ¿CUANDO VOS ERAS CHICO, LA GENTE LE TENÍA MIEDO A LA GUERRA Y A LA BOMBA ATÓMICA?

613

POR SUPUESTO QUE MIEDO A LA GUERRA SÍ; PERO EN AQUÉL ENTONCES NO HABÍA BOMBAS ATÓMICAS

¡VAYA UN MIEDO DE MORONDANGA, ENTONCES!

©QUINO

614

VEAMOS, LA 9 VERTICAL DICE: "SE TRASLADAN DESDE AQUÍ HACIA ALLÁ'"

¡YA LA TENGO, FELIPE!

TRES LETRAS, ¿EH?

©QUINO

AH....

NO; ENTONCES "TÉCNICOS NACIONALES" ES MUY LARGA

¡MAFALDA? ¡NO SABÉS EL CALOR QUE HACE HOY EN MI CASA!...

615

LO SÉ, MIGUELITO; EL MISMO QUE HACE EN LA MÍA

AH,... ¿AHÍ TAMBIÉN?

¡SÍ HOMBRE, AQUÍ Y EN LA CALLE Y EN TODAS PARTES HACE UN CALOR BÁRBARO!

¿?

¡CLAC!

¡Y YO QUE CREÍ QUE ERA CALOR DE HOGAR!

¿MMMH?

¡NO, NO! ¡A MÍ DEJAME DE BOWLING!.... ¡O HACEMOS EL CRUCIGRAMA, O ME VOY A MI CASA!

616

¡BUÉH!... ¡HAGAMOS EL CRUCIGRAMA! ¡DALE!

HORIZONTALES 1- "LABRAN LA TIERRA CON EL ARADO"

¡POBRES!...¿Y PARA QUÉ? ¡PARA QUE SE ENRIQUEZCA EL INTERMEDIARIO! ¡ÉSA ES LA TRISTE VIDA DEL HOMBRE DE CAMPO!

¿QUIÉN TE ENTIENDE, FELIPE?

¡YO!

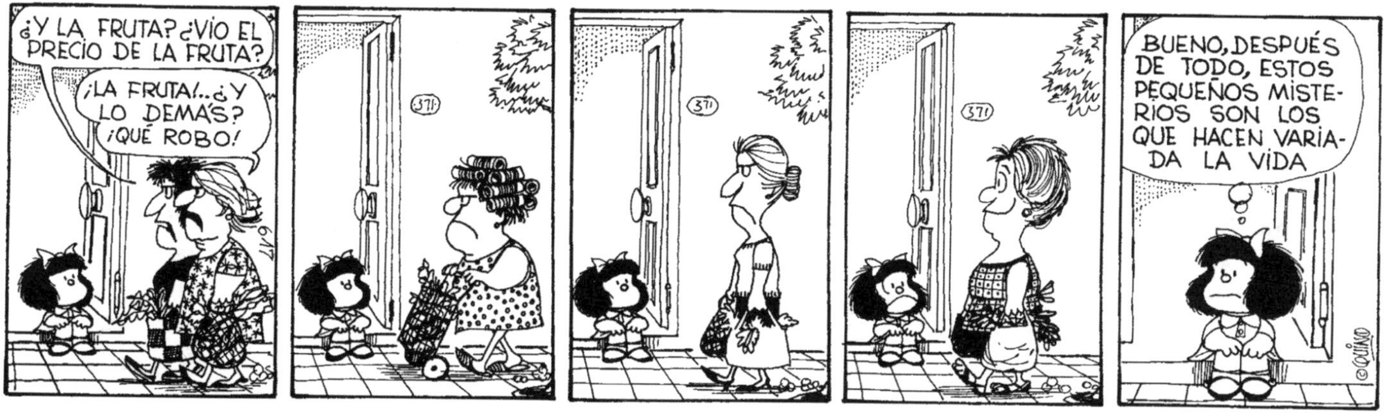
¿Y LA FRUTA? ¿VIO EL PRECIO DE LA FRUTA?
¡LA FRUTA!.. ¿Y LO DEMÁS? ¡QUÉ ROBO!
617
371
371
371
BUENO, DESPUÉS DE TODO, ESTOS PEQUEÑOS MISTERIOS SON LOS QUE HACEN VARIADA LA VIDA

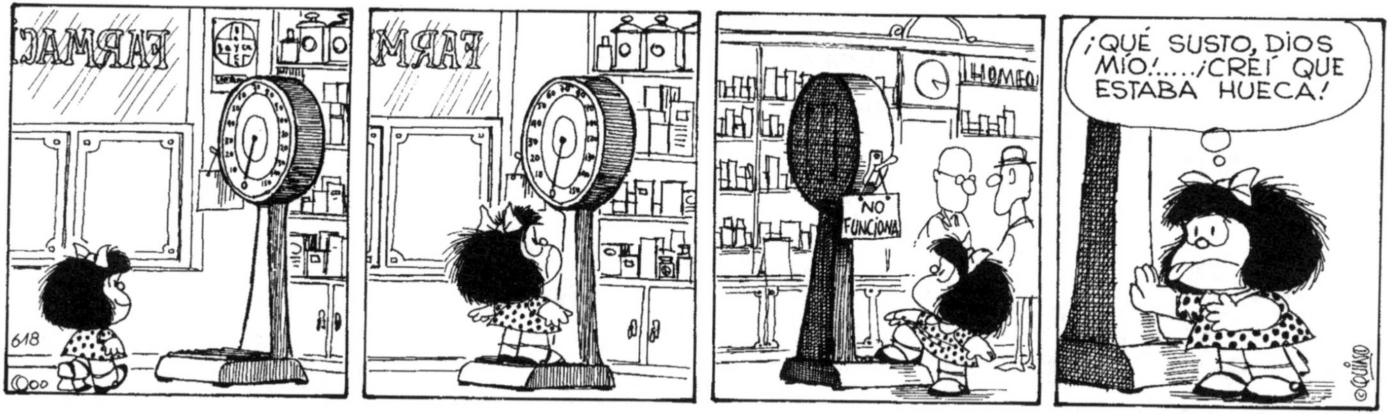
618
NO FUNCIONA
¡QUÉ SUSTO, DIOS MÍO!.....¡CREÍ QUE ESTABA HUECA!

"ESTOCOLMO: SUECIA TIENE CONSTRUIDOS YA REFUGIOS ANTIATÓMICOS COMO PARA ALBERGAR A LA MITAD DE SU POBLACIÓN"

619

"ASIMISMO, GRAN CANTIDAD DE FÁBRICAS HAN SIDO INSTALADAS BAJO TIERRA"

¡QUÉ DILEMA CON ESTOS SUECOS!

UNO NO SABE SI ADMIRARLES LA INGENIERÍA, O EL PESIMISMO

"GRANDES ONDAS QUE SE PRODUCEN EN LA SUPERFICIE DEL MAR"

OLAS

620

OLAS, ¡MUY BIEN!... ESTE CRUCIGRAMA PROMETE. VEAMOS LA SIGUIENTE...

"HIJO DE SATURNO Y HERMANO DE JÚPITER, CASADO CON PROSERPINA"

EL HIJO DE LA DEL 4º D SE CASÓ CON LA NOVIA DEL HERMANO Y HAY QUE VER LA QUE SE ARMÓ

¡NUNCA *EL LLANERO* SE SINTIÓ MÁS *SOLITARIO!*

?

HOLA, SUSANITA. VENÍA POR AQUÉLLAS REVISTAS QUE TE PRESTÉ

AH, SÍ. VENÍ, VAMOS A MI PIEZA QUE LAS BUSCO

10 nov. 66

17 jul. 66

3 ene. 67

¿QUÉ TENÉS EN ESTOS FRASQUITOS CON FECHA, SUSANITA?

LÁGRIMAS; ES MI COLECCIÓN DE MALOS-RATOS

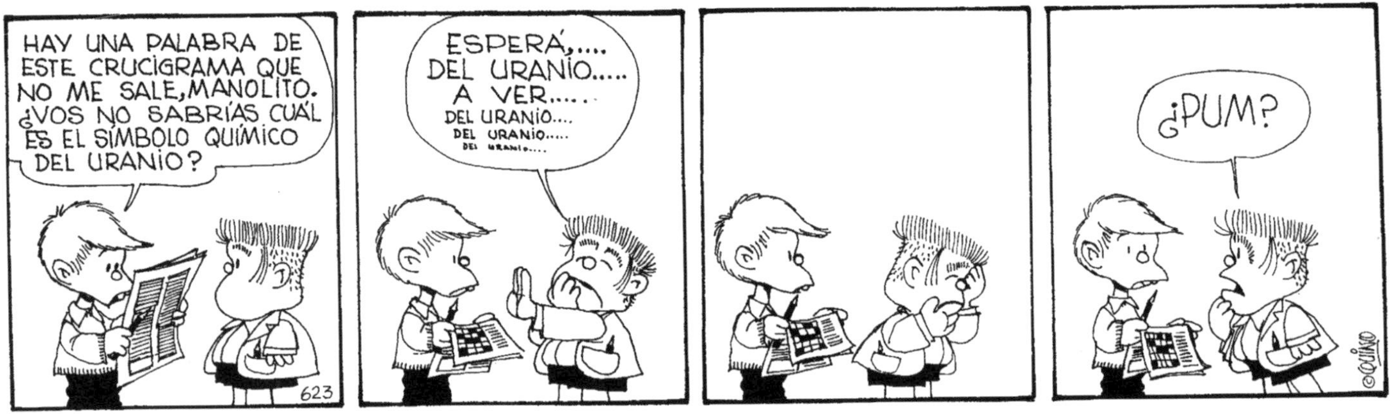
HAY UNA PALABRA DE ESTE CRUCIGRAMA QUE NO ME SALE, MANOLITO. ¿VOS NO SABRÍAS CUÁL ES EL SÍMBOLO QUÍMICO DEL URANIO?
623
ESPERÁ,.... DEL URANIO..... A VER..... DEL URANIO.... DEL URANIO..... DEL URANIO.....
¿PUM?
©QUINO

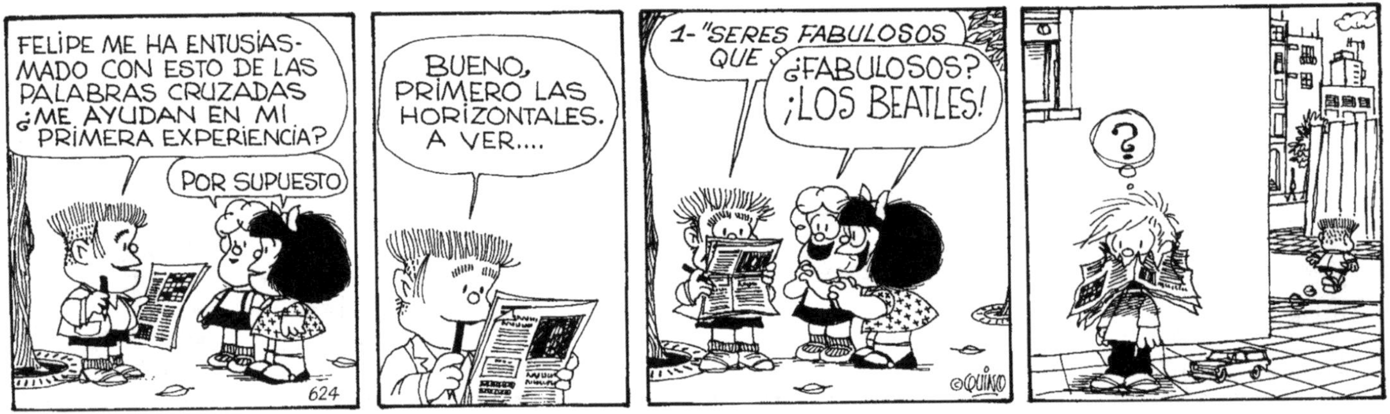
FELIPE ME HA ENTUSIASMADO CON ESTO DE LAS PALABRAS CRUZADAS ¿ME AYUDAN EN MI PRIMERA EXPERIENCIA?
POR SUPUESTO
624
BUENO, PRIMERO LAS HORIZONTALES. A VER....
1- "SERES FABULOSOS QUE
¿FABULOSOS? ¡LOS BEATLES!
©QUINO
?

¿TENDRÍAS UN PAPELITO PARA DARME, MAFALDA?

CREO QUE SÍ, MIGUELITO

AQUÍ TENÉS. SON LOS ÚNICOS QUE TENGO, ¿TE SIRVE ALGUNO?

AH,...... NO, DE ESTOS NO

YO QUERÍA DE LOS OTROS. DE LOS QUE SIRVEN PARA COMPRAR COSAS

¡PERO ESO ES **PLATA** Y NO "UN PAPELITO"!

¡BUENO, COMO SE LLAME!

¿CÓMO HARÁ PARA VIVIR SIN CONTAMINARSE?

625

FIN

626

TIC

¡¿PERO CÓMO ES POSIBLE QUE NO LE HAYAN DADO TODAVÍA EL OSCAR AL PÁJARO LOCO?!

©QUINO

...Y ESTAS HAN SIDO LAS NOTICIAS

¡LO DE SIEMPRE!... ¡EL MUNDO HECHO UN LÍO!

Tic

627

¡CARRERA, ARMAMENTISTA!... ¡PAÍSES QUE NO SE ENTIENDEN!... ¡VIOLENCIA!... ¡DISTURBIOS!... ¿QUÉ NOS ESPERA?

¡YO LO ÚNICO QUE SÉ ES QUE LOS PAJARITOS NO PRECISAN ESCALERAS PARA SUBIR A NINGUNA PARTE!

¡PAVADA DE MAÑA PARA DESANGUSTIAR!...

TODO HA CAMBIADO Y EL MUNDO ES HERMOSO

628

¿QUÉ HA OCURRIDO, SUSANITA? ¿NO MÁS INFLACIÓN? ¿PROSCRIPCIÓN DE ARMAS ATÓMICAS? ¿COMIDA EN LA INDIA? ¿DIJERON ALGO LOS NOTICIOSOS?

¿LOS NOTICIOSOS?

NO, NO CREO QUE ASSOCIATED PRESS, REUTER O ANSA SEPAN TODAVÍA LO DE MIS ZAPATOS NUEVOS

©QUINO

¡EH, MAFALDA! ¿TE MOSTRÉ MIS ZAPATOS NUEVOS?

ME LOS MOSTRASTE AYER, SUSANITA ¡MUY LINDOS!

629

A VOS LA CUESTIÓN MODAS NO DEBE INTERESARTE GRAN COSA, ¿NO?

SÍ QUE ME INTERESA, ¿POR QUÉ CREES QUE NO?

BUENO,... NO SÉ,... ...POR NADA,... ...¡EN FIN!..... HASTA LUEGUITO, ¿EH?

HASTA LUEGO

¡LA POBRE TIENE TAN POCA PRESTANCIA MUJERIL!...

630

¡ANSELMO!

¡ESTEBAN!

¡HOMBRE, VOS POR AQUÍ!

¡PERO MIRÁ CÓMO VENIMOS A ENCONTRAR-NOS!

¡ES QUE EL MUNDO ES UN PAÑUELO!

HABRÁ QUE QUEJARSE AL LAVADERO, ENTONCES

¿CÓMO ANDA EL ALMACÉN DE TU PAPÁ, MANOLITO?

¡EH!... ¡TIRANDO!... HAY MUCHA GENTE DE VACACIONES Y POCA VENTA

631

¿Y POR QUÉ NO CIERRAN POR UNOS DÍAS Y SE VAN UDS. TAMBIÉN DE VERANEO? ¿NO SE TE OCURRIÓ PROPONÉRSELO A TU PAPÁ?

AH

DE **TODO** ESTE TURRÓN, LA MITAD PARA CADA UNA ¿EHÉ?

BUENO, PERO ¿NO TE VAS A ARREPENTIR?

632

¿ARREPENTIRME? ¡POR FAVOR!...

¡TROC!

¡EN FIN!... BIEN DICEN QUE PARTIR ES MORIR UN POCO

633

¿A CUÁNTO ESTÁ HOY, LA LECHUGA, MIGUELITO?

¡Y PENSAR QUE EN ESTE MISMO MOMENTO, EN ALGÚN LUGAR DEL MUNDO, SE ESTÁN DISPARANDO BALAS QUE NO VAN A PEGARLE A NADIE! ¡QUÉ DESPERDICIO!

634

¡TUMP!

¡ZÁS!... ¡CÓMO ME PUSE!...

¡TAMBIÉN!...

¡NO SÉ A QUIÉN SE LE OCURRE VIVIR EN UN PLANETA QUE DESTIÑE!

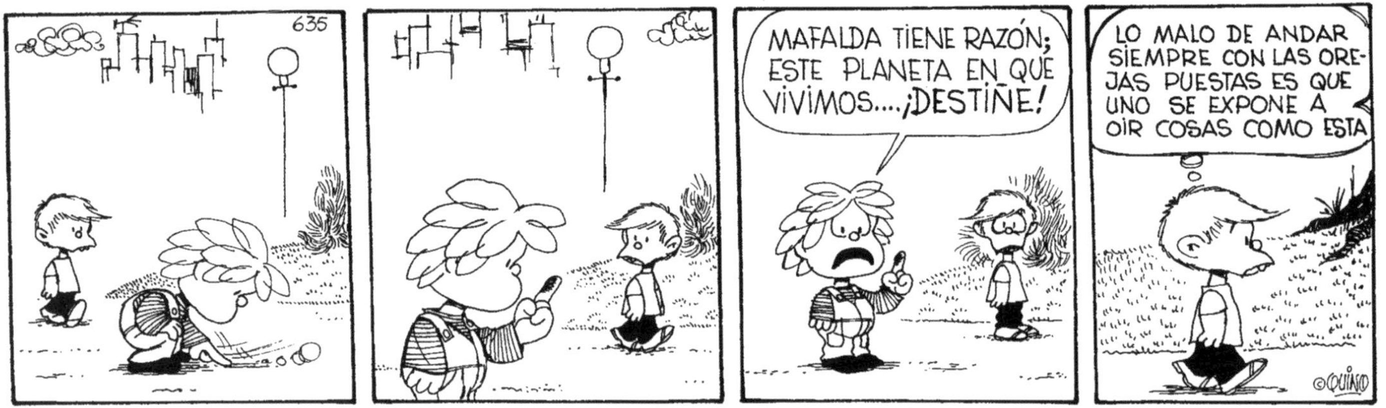
635
MAFALDA TIENE RAZÓN; ESTE PLANETA EN QUE VIVIMOS....¡DESTIÑE!
LO MALO DE ANDAR SIEMPRE CON LAS ORE-JAS PUESTAS ES QUE UNO SE EXPONE A OIR COSAS COMO ESTA
©QUINO

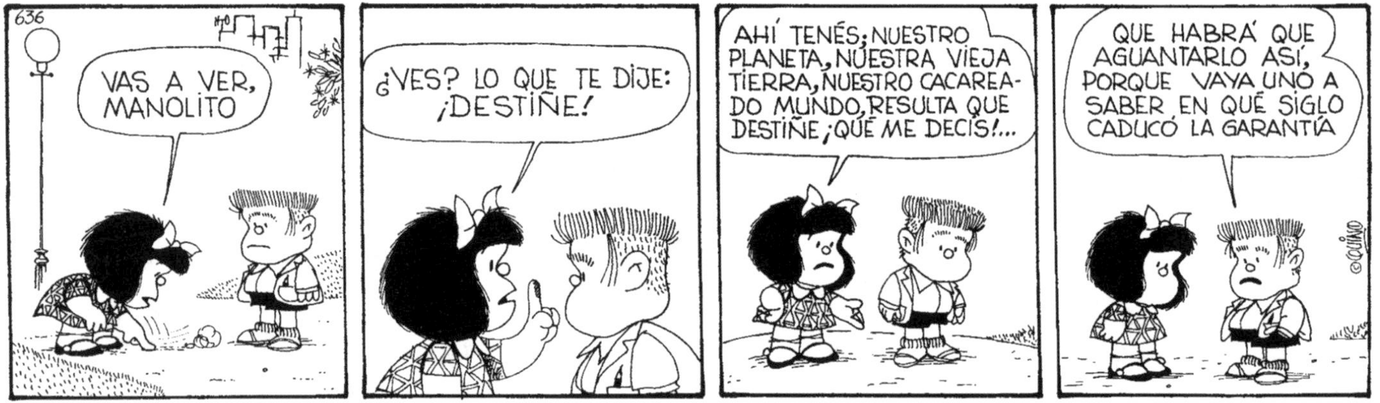
636
VAS A VER, MANOLITO
¿VES? LO QUE TE DIJE: ¡DESTIÑE!
AHÍ TENÉS; NUESTRO PLANETA, NUESTRA VIEJA TIERRA, NUESTRO CACAREA-DO MUNDO, RESULTA QUE DESTIÑE ¡QUÉ ME DECÍS!...
QUE HABRÁ QUE AGUANTARLO ASÍ, PORQUE VAYA UNO A SABER EN QUÉ SIGLO CADUCÓ LA GARANTÍA
©QUINO

¡QUIÉN DIRÍA!...HACE YA UN MES Y PICO QUE EMPEZÓ EL AÑO Y PARECE QUE FUE AYER

637

¡CÓMO PASA EL TIEMPO, MIGUELITO, CÓMO PASA EL TIEMPO!

BBBBZZZZZZZZZZZZZZZZZZZZ

¡PUCHA!.... NO ALCANCÉ A VER SI ERA UN MOSCARDÓN O UN MINUTO!

"SEGÚN UN INFORME DE LA UNESCO, SE ESTIMA QUE EN EL MUNDO HAY MÁS DE 700 MILLONES DE ADULTOS ANALFABETOS"

638

SETECIENTOS MILLONES ¡DIOS MÍO!

¡QUÉ ATRASADO ESTÁ EL PROGRESO!

¡BOTARATE!

NO TE ENOJES, MANOLITO, ¿ACASO CUANDO SEAS GRANDE NO VAS A TENER UNA CADENA DE SUPERMERCADOS Y A SER TODO UN EJECUTIVO?

¡SI! ¿Y?

639

Y BUENO, UN EJECUTIVO DEBE TENER SENTIDO AUTOCRÍTICO. Y SI YO TE INSULTO ES PARA AYUDARTE A AMPLIAR TU VOCABULARIO, ASÍ PODRÁS AUTOCRITICARTE MEJOR, ¿COMPRENDES?

COMPRENDO

¿COMPRENDO?

¡HE DESCUBIERTO ALGO FANTÁSTICO,....MIRÁ!

¿QUÉ?

640

¿NO VES? ¡LA ESPALDA!... MIRÁ CUANDO UNO SE VA

¿NO ES SORPRENDENTE LO ÚTIL QUE RESULTA LA ESPALDA PARA IRSE? NO SÉ CÓMO HARÍA LA GENTE PARA IRSE SI NO TUVIERA ESPALDA

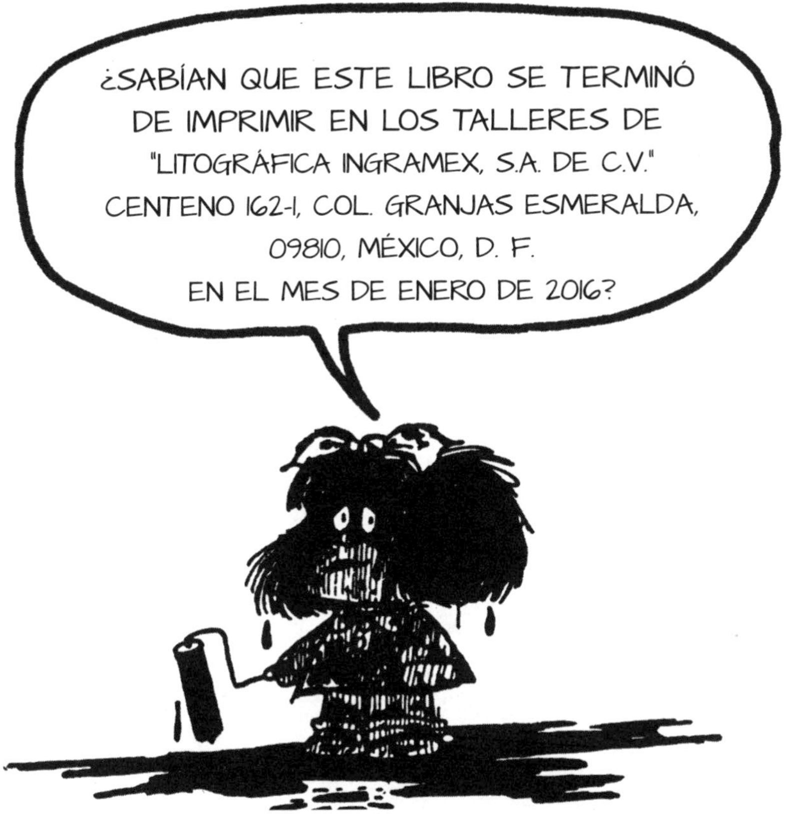
¿SABÍAN QUE ESTE LIBRO SE TERMINÓ DE IMPRIMIR EN LOS TALLERES DE "LITOGRÁFICA INGRAMEX, S.A. DE C.V." CENTENO 162-1, COL. GRANJAS ESMERALDA, 09810, MÉXICO, D. F. EN EL MES DE ENERO DE 2016?